Jugend
Literaturwettbewerb
2022

ARGE Walther von der Vogelweide
Projektleitung: Mag. Margareta Divjak-Mirwald MA
www.literaturwettbewerb-moedling.at

Die Illustrationen dieses Buches wurden freund-
licherweise von Mag. Doris Reiser zur Verfü-
gung gestellt, die diese Bilder im Rahmen ihres Kunsterziehungsunterrichts am BG/BRG
Keimgasse in Mödling mit ihren Schülerinnen
und Schülern erarbeitete. Bedauerlicherweise
konnten aus Platzgründen nicht alle Werke
publiziert werden.

Die „ARGE Walther von der Vogelweide" hat
eine Homepage eingerichtet
www.literaturwettbewerb-moedling.at
über welche alle Beiträge eingereicht werden
können.

1. Auflage 2022
Alle Rechte der Verbreitung, auch durch Funk und Fernsehen, fotomechani-
sche Wiedergabe, Ton- und Datenträger jeder Art, auszugsweiser Nachdruck
oder Einspeicherung und Rückgewinnung in Datenverarbeitungssystemen
aller Art, sind vorbehalten.
Herausgeber und für den Inhalt verantwortlich: ARGE Walther von der Vo-
gelweide;
Titelbild: Bearbeitung einer Abbildung aus der Manessischen Liederhand-
schrift von Doris Matzner.
Grafische Betreuung: ARGE Walther von der Vogelweide: Mag. Doris Reiser;
Layout und Satz: ARGE Walther von der Vogelweide; Pilum Literatur Verlag
Lektorat: ARGE Walther von der Vogelweide:
ISBN: 978-3-99090-061-1

Jugend
Literaturwettbewerb
2022

Der *Walther von der Vogelweide*
Jugend Literaturwettbewerb 2022
und diese Publikation wurden ermöglicht durch:

Stadtgemeinde Mödling

ARGE Walther von der Vogelweide
Projektleitung: Mag. Margareta Divjak-Mirwald MA
www.literaturwettbewerb-moedling.at

Mitglieder der Jury,
welche die Beiträge anonymisiert zur
Bewertung vorgelegt erhielten:

Nicole Fendesack
Dipl.Ing. Erich Halper-Manz
Leopold Hnidek
Maria Legendre
Marija Ljoljic
Karoline Pilcz
Atena Zalbeik

Literaturwettbewerb
Walther von der Vogelweide
„Spiel"

„Spiel" lautet das Motto des diesjährigen Walther von der Vogelweide-Literatur-Wettbewerbes. Leider hat sich nach den Covid-Zumutungen der letzten zwei Jahre aber weniger die Normalität in Form einer „spielerischen Leichtigkeit" als noch viel mehr „Ernst" im Leben der Menschen eingestellt: Nachdem die Pandemie einigermaßen überwunden werden konnte, ist mit dem Überfall Russlands auf die Ukraine das lange Zeit für undenkbar gehaltene eingetreten: Ein Krieg in Europa! Zur Erinnerung: Die Ukraine ist von Wien etwa so weit entfernt wie Vorarlberg!

Betrachtet man die Jahre 2015 ff so haben die Jugendlichen in den letzten Jahren zahlreiche Krisenfälle verarbeiten müssen: von der Flüchtlingskrise in Syrien 2015 über die weltweite Coronapandemie bis zum Kriegsausbruch in der Ukraine. Jedenfalls gab und gibt es für die jungen Autorinnen und Autoren zahllose Eindrücke, Gefühle und Gedanken literarisch aufzuarbeiten, was sich auch in den 34 eingereichten Texten deutlich widerspiegelt. Ungefähr ein Drittel davon kommt übrigens aus dem Bezirk Mödling, ein weiteres Drittel aus Wien und die restlichen Einsendungen stammen aus dem Umland Mödlings und Wiens. Ein Beitrag wurde sogar von einer jungen Autorin aus Baden-Württemberg beigesteuert!

In der Zeit Walthers von der Vogelweide war Krieg nicht die Ausnahme, sondern viel eher die Regel. Auch eine Gesundheitsversorgung oder ein „langes Leben" wie wir es in unserer heutigen Gesellschaft gewohnt sind, ist Walther gänzlich fremd gewesen. Mit der Covid-Pandemie und dem Krieg in Europa werden nun aber auch wir wieder gezwungen, uns mit Lebensbedrohungen und Realitäten auseinanderzusetzen, die wir eigentlich für längst überwunden gehalten haben.

So wurde es einige Male als ein Spiel über Schach, über die Regeln des Schachs und vor allem zu einem „Schachmatt" verarbeitet. In Anbetracht des aktuellen Krieges in der Ukraine gibt es einige Texte, die diesen zum Inhalt haben, die sich auch mit der Vergangenheit der Groß- und natürlich auch schon Urgroßväter auseinandersetzen.

Ich darf mich an dieser Stelle bei all den vielen kreativen, jungen Menschen fürs Mitmachen und Mitschreiben ganz herzlich bedanken. Und ein extra Dankeschön geht auch heuer wieder an zwei engagierte Damen: Mag. Doris Reiser, die gemeinsam mit ihren Schülerinnen und Schülern wunderbare Grafiken und Illustrationen zu den Texten beisteuert und Doris Matzner, die für die stimmige Gestaltung des Umschlages verantwortlich zeichnet.

In diesem Sinne wünsche ich uns allen viel Genuss mit den Beiträgen. Heuer darf ich den besten Wünschen für einen gelungenen Wettbewerb zwei große Hoffnungen einschließen: Baldiger Friede für die leidgeplagte Ukraine und bleiben Sie gesund!

Mit herzlichen Grüßen, Ihr
Bürgermeister Hans Stefan Hintner
Abgeordneter zum Nationalrat

Gedanken zum Leitthema „Spiel"

Unmittelbar nach dem Beginn des Krieges in der Ukraine entdeckte ich in den sozialen Netzwerken ein Video von geflüchteten Kindern und deren Eltern, die an der Grenze zu Polen von Clowns spielend und lachend empfangen werden. Im ersten Moment für mich verstörende Aufnahmen. Wie kann man in diesen Schrecken auf die Idee kommen, Geflüchtete in dieser Form zu empfangen? Berührend jedoch, wie die Kinder positiv auf das Spielangebot und das Lachen reagieren. Die Clowns zaubern ein Lächeln auf ihre traurigen Gesichter und auch die Erwachsenen beginnen aus ihrer Starre und ihrer Angst zu erwachen und lächeln zurück. „Der Mensch spielt nur, wo er in voller Bedeutung des Wortes Mensch ist, und er ist nur da ganz Mensch, wo er spielt", schreibt Friedrich Schiller. Faszinierend, ein Akt kindlicher Freiheit und lebensbejahender Bewältigungsstrategie, dass Kinder sehr schnell selbst die unwirklichste Umgebung spielend erobern. Wir kennen die Bilder auch aus dem Bürgerkrieg in Syrien, wie Kinder in der zerstörten Stadt Aleppo zwischen den Ruinen und ausgebrannten Autos spielen und der zerstörten Stadt Leben zurückgeben. In dem Buch „Dibs – Ein kleiner Junge befreit sich aus seinem seelischen Gefängnis" beschreibt die großartige Psychotherapeutin und Begründern der Spieltherapie für Kinder, Virginia M. Axline, wie sie über das Spiel einen kleinen Jungen ohne Kontakt zur Außenwelt, der bis zu seinem fünften Lebensjahr in seinem seelischen Gefängnis eingesperrt bleibt, aus diesem befreit. Ein Buch voller Lebenskraft und Menschlichkeit. War ich über das Leitthema „Spiel" zuerst überrascht, erkenne ich in der Auseinandersetzung mit dem gewählten Thema seine Tiefe. Ich möchte mich daher bei den Verantwortlichen ganz herzlich für die Organisation des Wettbewerbes und vor allem für die Themenwahl herzlichst bedanken und freue mich auf die ausgewählten Texte der Jugendlichen und ihrer Darbietung.

Stephan Schimanowa
Stadtrat für Kultur, Jugend
und Städtepartnerschaft

SPIEL

INHALTSVERZEICHNIS

ABBILDUNGSVERZEICHNIS

Sarah-Julia Wolf
17 Jahre

1. Preis
Jahrgänge 2003-2005

Die Dame in Weiß

Jeder Zug hat Konsequenzen. Das ist die Essenz des Schachspiels. Jeder Zug beeinflusst den nächsten, jeder Zug wurde vom vorherigen beeinflusst. Oft habe ich versucht, aus dem Spiel gegen das Schicksal auszubrechen, aber ich habe es nicht geschafft. Es holt mich immer wieder ein, begleitet mich wie ein Summen im Ohr, ständig präsent, vom Anfang bis zum Ende. Bis jetzt.

Der erste weiße Bauer, der sich auf den Befehl des Schicksals in Bewegung setzt, eröffnet die Partie, das Duell zwischen Schicksal und Hoffnung, eröffnet die Freude, das Leid und alles dazwischen. Er eröffnet das Leben. Sein Zug legt den Grundstein für alles und wirft den Spieler in eine fremdbestimmte – eine durch das unentrinnbare Schicksal bestimmte – Bahn. Die weiße Dame ist seine mächtigste Waffe; wenn sie angreift, hinterlässt sie eine Spur der Verwüstung. Sie ist das Schicksal selbst, voller Gnade und doch gnadenlos. Ihr steht der Spieler gegenüber, mit all seinen Hoffnungen, Wünschen und Träumen. Bis zum bitteren Ende sind sie im schwarzen König verkörpert. Unverbesserlicher Optimismus: Das war es, was meinen König von Anfang an bestärkte. Nichts konnte mir mein Flämmchen Hoffnung, das man eher als Stichflamme bezeichnen konnte, nehmen. Es spielte keine Rolle, welcher Spielzug als Nächstes kam, welche Figur als Nächstes ihr trauriges Ende fand, irgendwo fand ich immer Brennholz für das Feuer.

Schon als kleines Kind bewegte ich die Figuren, ohne ihre Bedeutung zu erkennen. Ich zog sie umher, spielte mit ihnen und wollte, dass sich die schwarzen mit den weißen Steinen anfreunden. Zunächst gelang es mir, das Schicksal für seine verspielten Launen zu lieben, mich ihnen hinzugeben und sie ins Herz zu schließen. Das einzige große Fragezeichen, das blieb, war die weiße Dame, die sich noch nie bewegt hatte. Die Springer, die um mich galoppierten, und die Läufer, mit denen sie sich Wettrennen lieferten, verrieten mir die Wahrheit nicht. In dem Moment, als ich aufhörte, ihre Anwesenheit zu hinterfragen, verließ sie ihr Feld. Langsam zog sie nach vorne und stieß einen meiner Bauern vom Brett. Das war der Tag, an dem ich das erste Mal in der Schule ausgelacht wurde. Für das kleine Kind, das ich war, zerplatzte eine Blase, meine Welt zerbrach und ich wurde erstmals mit der Grausamkeit des Lebens konfrontiert. Ich wusste nun, wozu die weiße Dame fähig war. Ihr Zug löste eine Unsicherheit tief in mir aus, die mich nicht mehr loslassen sollte. Nicht nur die Angst vor ihr, sondern auch vor Fehlern und dem Urteil anderer begleitet mich seither.

Das erste Bauernopfer war das schmerzhafteste, doch als mein erster Springer fiel, merkte ich erst, wie klein die Bedeutung der Bauern war. Nicht mehr als eine Unannehmlichkeit. Aber der Springer? Auch ihn sehe ich noch klar vor mir, obwohl sein Herz gleichzeitig mit dem meines Großvaters aufhörte zu schlagen. Ein drittes Herz, meines, wurde in Stücke gerissen, die bis heute nicht mehr ganz zusammengewachsen sind. Das Werk der weißen Dame. Wieder wurde ich mir ihrer Macht bewusst.

Während die Partie Zug um Zug brutaler und skrupelloser wurde, behielt sie ihre makellos glänzende Visage und strahlte mit der Sonne um die Wette. Manchmal blendete sie mich, wenn sie meine Figuren verschonte; sie gewann langsam mein Vertrauen, lockte mich zu sich und brachte meine Mauern zu Fall. Es gab Zeiten, in denen die weiße Dame gütig zu mir war. Sie begnadigte mich, spielte zu meinen Gunsten, ließ mich einen Triumph über sie erleben. Manchmal, untertags, da vergaß ich auf unser Spiel, auf die tickende Uhr, ich lebte einfach. Ich hatte die Zügel in der Hand und war Herr meiner selbst. Das

18

dachte ich zumindest. Auch wenn es sich nicht so anfühlte, sie hatte immer die Kontrolle und ich war ihrer Willkür hilflos ausgeliefert. In der Nacht, in der einsamen Dunkelheit, die das Schachbrett klarer als sonst wirken ließen, überkam sie mich. Ich vertraute den weißen Steinen nicht mehr, aber ich stand unter ihrer Macht. Ich wartete nur auf den nächsten Angriff aus dem Hinterhalt, denn sobald ich mich in Sicherheit wiegte, stach sie zu, mitten ins Herz. Das letzte Mal, als sie gut zu mir war, zog sie mir und meinem letzten Springer im Anschluss den Boden unter den Füßen weg. Meine einzige Verbindung zu den Tagen, als ich die weißen Figuren noch liebte. Meine Naivität. Sie fiel ihr endgültig zum Opfer.

Aber diese Zeiten gehören der Vergangenheit an. Ihre Gnade hat sie auf dem Weg abgelegt. Die Dame in weiß wird immer größer, immer mächtiger, türmt sich auf und stellt alles in ihren Schatten. Die Gefährlichste von allen. Sie hat mich über die Jahre zermürbt und in eine tiefe Angst vor dem Leben gedrängt. Unberechenbar, das war sie von Beginn an, aber mit der Zeit wurde sie bedrohlicher. Ich verlor meine Begleiter, die Türme, die Springer und die Läufer. Sie hat sie mir genommen, sie aus dem Leben gerissen. Ich verlor so viel, zu viel.

Aber um mich herum? Um mich herum sehe ich Spieler, die von der weißen Dame verschont blieben und nicht unter ihren Gräueltaten leiden müssen. Oft frage ich mich, ob ich für mein Schicksal verantwortlich bin, ob ich die weiße Dame nicht doch im Zaum halten hätte können, obwohl ich weiß, dass ich keine Schuld trage, dass niemand Schuld trägt. Manche Spieler haben einfach mehr Glück. Diese Klarheit wird sie mir nie nehmen können. Ich wünschte, das könnte ich auch über meine Hoffnung sagen. Verzweifelt bin ich auf der Suche nach der Stichflamme, die mich so lange treu begleitet hat und nun wirklich nur noch ein Flämmchen ist. Natürlich ist sie noch da, aber das Schicksal hängt über ihr und raubt ihr den Sauerstoff, erstickt sie langsam. Vom Schicksal erstickt, wie klingt das? Wohl kaum das seltenste Ende auf dieser Welt. Aber noch ist es nicht vorbei, noch steht mein König.

Er ist in eine Ecke gedrängt, sein einziger Schutz ist ein letzter Bauer, der sich gegen die Vorherrschaft der weißen Dame stellt. Mutig wich er all ihren Angriffen aus, bis auch ihn seine letzte Kraft verließ. Noch immer steht er vor dem König, kann aber nicht mehr über ihn wachen. Der nächste Zug. Er ist ihr ausgeliefert. Die Dame blickt auf den Bauern hinab. Die Gewissheit, dass sie das Spiel nun beenden wird, hängt schwer über dem Spielbrett und raubt die Atemluft. Die weiße Dame hat gewonnen.

Schach.

Es ist vorbei. Meine Angst lähmt mich. Es gibt kein Zurück mehr, aber für einen Schritt nach vorne habe ich keinen Mut.

Jeder Zug hat Konsequenzen. Und dieser besiegelt das Ende der Partie.

Die weiße Dame bewegt sich ein letztes Mal von ihrem Feld, um den Bauern zu opfern, und mit ihm wird die Angst immer leiser. Die Welt um mich ist gedämpft, ich sehe nur noch ihre verschwommenen Umrisse. Mein König sackt in sich zusammen. Der letzte Windstoß. Die Flamme ist endgültig erloschen.

Matt.

Larissa Nagl
19 Jahre

2. Preis
Jahrgänge 2003-2005

Meine Karten liegen auf dem Tisch

Es war ein Samstagnachmittag. Die Sonne tauchte das Schlafzimmer in warmes Licht, in dem Staubkörner herumtanzten. Das Fenster war geöffnet und man konnte ein leises Rauschen der Blätter eines Baumes hören, die sich in der leichten Brise bewegten. Hin und wieder hörte man den Motor eines vorbeifahrenden Autos oder murmelndes Geplauder von Passanten. Im Zimmer selbst konnte man das ständige Legen von Karten wahrnehmen. Dieses stammte von zwei in ein Spiel verwickelte Personen, welche auf dem Bett saßen und sich ihre Zeit vertrieben.

„Uno!", schrie der Junge namens Milan auf, als er seine vorletzte Karte auf den Stapel legte und die idyllische Stille unterbrach. Dies tat er mit solchem Enthusiasmus, dass die Karten verrutschten. Doch das schien ihm nicht aufgefallen zu sein. Deshalb versuchte sein Gegenüber, ein Mädchen namens Sofia, den Kartenstapel zu retten, als ihr dabei etwas auffiel. „Weißt du, bei Uno gibt es nicht viele Regeln und jeder scheint es anders zu spielen, aber", sie nahm die Karte ihres Bruders vom Stapel, welche er gerade mit so viel Schwung abgelegt hatte und hielt sie ihm vors Gesicht, „die Neun und Sechs unterscheiden zu können, zählt zu den Grundvoraussetzungen." Milan riss die Augen auf und fing an, kurz laut aufzulachen. „Man kann es ja mal versuchen, dir fällt aber auch alles auf. Ich schätze, das Spiel ist doch nicht zu Ende." Er nahm seine Karte wieder zurück und Sofia war, nachdem er abgehoben hatte, am Zug. So war es eigentlich immer, mit Milan konnte man nie ein ernsthaftes Spiel spielen. Beim Verstecken fing er an wegzulaufen, wenn man ihn gefunden hatte. Wenn man dann tatsächlich Fangen spielte, schloss er sich in seinem Zimmer ein und meinte, er habe gewonnen. Auch bei „Mensch ärgere dich nicht" verstand man, warum das Spiel so genannt wurde, wenn man eine Runde mit Milan überlebt hatte. Deshalb fragte sich Sofia manchmal, warum sie überhaupt noch mit ihrem Bruder spielte. Doch sie verstand genauso wenig, warum er noch mit ihr spielte. Immerhin war er zehn Jahre älter als sie und bereits vierundzwanzig. Er wohnte nicht mehr zu Hause, hatte eine Arbeit in einer Autowerkstatt und jobbte noch nebenbei in einem Restaurant als Kellner. Wie ein Chaot, der nicht mal ordentlich seine Schuhe zubinden kann und vergisst, den vollen Geschirrspüler einzuschalten, all das unter einen Hut bringt, war ihr ein Rätsel. Und dann fand er auch noch Zeit, seine kleine Schwester zu nerven.

Als Sofia dann das Spiel fast für sich entschieden hatte und ihre vorletzte Karte auf den Stapel legte, hörte sie Milan überdramatisch einatmen. Sofia sah ihn genervt an und musste sich zurückhalten, nicht mit den Augen zu rollen. „Was ist?", fragte sie mürrisch.

„Du hast nicht ‚Uno' gesagt!", er grinste und zuckte dann mit den Schultern, „da musst du leider zehn Karten abheben."

Nun war Sofia diejenige, die empört war „Zehn? Warum denn zehn?" Sie war sich sicher, dass man, wenn überhaupt, nur eine Karte abheben musste.

„So halt", antwortete Milan lediglich und hielt ihr bereits zehn neue Karten hin. Aber Sofia protestierte:

„Ich nehme bestimmt keine zehn Karten, wenn dann nur eine!"

Milan schien von Sofias finsterem Gesicht nicht eingeschüchtert zu werden. „So sind die Regeln", meinte er nur. Sein Grinsen verließ dabei nie seine Lippen.

„Ja klar, die Regeln, die du dir grad ausgedacht hast", schnaufte Sofia und weigerte sich weiterhin, die Karten anzunehmen.

Es war immer das Gleiche. Milan dachte sich beim Spielen Regeln aus, die er später wieder umänderte, um sie dann am Ende doch wieder zu revidieren. Entscheiden konnte er sich nie für etwas, zumindest dachte Sofia das immer. Doch da lag sie falsch, das wusste sie jetzt. Immerhin wusste er schon im frühen Kindesalter, dass er Automechaniker werden wollte. Sofia hatte noch keine Ahnung, was sie einmal machen würde, dabei wohnte Milan schon in seiner eigenen Wohnung, die er sich innerhalb von wenigen Wochen ausgesucht hatte und seitdem komplett selbst finanzierte. Für Sofia war das so eigenartig. Vor ihr verhielt er sich immer wie der kleine Junge, der er einst war, als sie beide noch Kinder waren. Doch vor allen anderen um sie herum war er ein anderer Mensch, ganz erwachsen. So als gäbe es den jungen Milan gar nicht mehr, nur bei Sofia, seiner kleinen Schwester, kam er zum Vorschein. Gerührt hatte sie das zu diesem Zeitpunkt überhaupt nicht, ihr wäre es wohl recht gewesen, wenn er sich vor ihr zur Abwechslung mal anständig verhalten hätte. Wenn sie nun so darüber nachdachte, fragte sie sich, aus welchem Grund er das tat. Wollte er sich über sie lustig machen? Sie nerven? Oder einfach nur nicht den einzigen Menschen verlieren, der ihn nie anders behandelte, egal was passierte. Hatte er Angst davor, die Beziehung zu seiner kleinen Schwester zu verändern?

„Na gut, dann lass uns einfach von neu beginnen. Diesmal spielen wir auch eine total ernste Runde!", schlug Milan nach einer Zeit vor. Der Gedanke mit ihm ernsthaft Uno zu spielen, löste irgendetwas in Sofia aus, so als wäre das die Gelegenheit, auf die sie ihr ganzes Leben gewartet hatte. „Total ernst?", fragte diese noch einmal verunsichert nach. Milan nickte „Zu hundert Prozent ernst!"

Dann spielten sie ihre erste richtige Runde. So ernst hatte Sofia ihren Bruder noch nie gesehen. Keinen lustigen Spruch, keine ausgedachten Regeln, die im Nachhinein geändert wurden, keine komischen Grimassen, nur purer Ernst und Fokus auf das Spiel. Hingegen war Sofia völlig unkonzentriert, sodass sie sich nicht auf das Spiel fokussieren konnte. Es war ihr nicht möglich, den Blick von ihrem Bruder abzuwenden. War das überhaupt ihr Bruder? Nein, nicht so, wie sie ihn kannte. Sondern so, wie ihn alle anderen kannten. Für einen Moment war er nicht der kleine Milan, er war der erwachsene Milan, der alleine wohnt, ein Automechaniker ist und in einem Restaurant in der Nähe kellnert. Damals verstand sie noch nicht, warum sie das so aufwühlte. Sofia wusste damals schon, dass etwas anders war, konnte es aber nicht ausmachen. Sie hatte bemerkt, dass er sich vernünftiger als sonst verhielt, verstand aber nicht, warum sie das so bewegte. Jetzt ist es ihr klar. Er wollte ihr einfach eine Freude machen und ernsthaft spielen. Seiner Schwester die Seite zeigen, die sie nur aus der Entfernung kannte. Dabei hätte Sofia fast die Neun mit der Sechs verwechselt und beim Kartenauflegen den Stapel umgeworfen. Beinahe wollte sie sich alberne Regeln ausdenken, um doch noch zu gewinnen und Milan auszutricksen. Denn sie wusste, sie war dabei, zu verlieren, und wie! Auch wenn sie das Gefühl hatte, dass die Spielrunde ewig andauerte, war sie gleichzeitig auch so schnell vorbei, dass sie es gar nicht fassen konnte. Noch nie hatte Milan so ehrlich und fair gewonnen. Es war nahezu einschüchternd. Doch sobald sie wieder in sein Gesicht blickte und sein typisches Grinsen erkannte, wusste sie, es handelte sich wieder um den alten Milan. Den Milan, der immer noch die Brotkruste von seinem Toast wegschnitt. „Tja, ich habe gewonnen, ohne zu schummeln. Scheint wohl so, als wärst du einfach schlecht", trällerte dieser und konnte sich gerade noch so in Deckung bringen, als ein Kartenspiel in seine Richtung flog. Es war das letzte Mal, dass sie miteinander gespielt hatten.

Sofia wurde aus ihrer Trance gerissen, als die nächste Person aufstand und sich nach vorne bewegte. Es war ein weiterer guter Freund von Milan, der nun seine kurze Rede begann. Doch sie hörte nicht wirklich zu. Sie war noch immer damit beschäftigt, was sie sagen würde, wenn sie nach vorne musste. Was sagt man denn auch in so einer Situation? Was würde Milan wollen, dass sie sagte? Sie hatte keine Ahnung. Noch nie fühlte sie sich so alleine. Es war so, als würde ein Teil von ihr fehlen. Sofias Griff um ihre Beigabe verfestigte sich und sie biss vor lauter Verzweiflung auf ihre Zunge. Zuvor war ihr nicht aufgefallen, wie sehr sie sich auf Milan verlassen hatte und wie oft sie nach seiner Bestätigung gesucht hatte. Nie im Leben hätte sie vor ihm zugeben, wie viel ihr seine Meinung bedeutete und jetzt wünschte sie sich nichts mehr, als es ihm ins Gesicht sagen zu können.

„Komm schon, ich weiß doch, wie gerne du mit mir Karten spielst", warf Milan über seine Schulter, während er das Kartenspiel aufhob, nachdem Sofia ihn damit beworfen hatte.

„Nie im Leben, du nervst", murmelte Sofia daraufhin nur. Ihr Bruder hingegen lächelte und gab ihr das Spiel zurück. Sofia sah zu, wie er sie mit einem nachdenklichen Blick musterte.

„Was würdest du dann gerne mit mir machen? Ist ja nicht so, als würdest du Alternativen vorschlagen", sagte Milan dann ernst, während ein weiteres Auto draußen vorbeifuhr und die Stille mit einem kurzen Geräusch füllte. Er hatte recht und Sofia wusste nicht, was sie antworten sollte. Nicht nur, weil sie die Antwort nicht wusste, sondern auch, weil Milan wieder so ernst gewirkt hatte, etwas, das sie nicht gewohnt war.

„Ich weiß nicht... wir könnten ja mal ins Kino gehen", schlug sie dann vor.

Milan überlegte „Ja, das stimmt. Was würdest du dir gerne ansehen?"

Da fiel Sofia etwas ein: „In einem Monat kommt die Fortsetzung von einem meiner Lieblingsfilme raus, den wollte ich eigentlich mit meinen Freunden sehen, aber mit dir ist es sicher auch lustig." Zuerst schien sich Milans Gesicht aufgehellt zu haben, als sein Ausdruck sich plötzlich wieder verfinsterte. Aber er hatte sich damals so schnell wieder gefasst, dass Sofia glaubte, es sich eingebildet zu haben.

„Davor gibt es nichts, was du sehen willst?", fragte er unglaublich leise.

Sofia war perplex: „Nein, nicht wirklich. Warum?"

Plötzlich stand Milan auf und sagte: „In Ordnung, ich werde es mir noch überlegen. Mal sehen." Sofia hatte es gespürt, dass etwas nicht stimmte, und sie war sich sicher, dass er ihr etwas verschwieg. Doch da er sich den restlichen Tag so verhielt, als wäre nichts gewesen, dachte sie nicht zu viel darüber nach. Wenn sie darauf zurückblickte, wurde sie so wütend. Sie hätte ihn fragen sollen, sie hätte mehr mit ihm unternehmen sollen und vor allen Dingen, ihm öfter sagen sollen, wie wichtig er für sie war.

Eine Weinflasche wurde auf den Tisch mit den Beigaben gestellt, sie stand für eine weitere Anekdote aus Milans Leben. Beim Abstellen machte diese ein dumpfes Geräusch und Sofia wurde erneut in das Hier und Jetzt zurückgeholt. Der gute Freund von Milan, von dem die Flasche stammte, setzte sich und Sofias Herz begann zu rasen. Auch wenn sie nicht viel mitbekam, wusste sie, dass nun sie an der Reihe war. Alle hatten gesprochen und ihre Gedenken an Milan auf dem Tisch platziert. Nun musste sie nach vorne. Sofia spürte eine Hand auf ihrer Schulter.

„Du musst nichts sagen, wenn du nicht willst. Das verstehen alle", es war ihr Vater, der mit ihr sprach. Er trug dunkle Augenringe und saß neben Sofias Mutter, die ebenfalls ständig das Taschentuch zu ihrem Gesicht führte, um ihre laufenden Tränen zu trocknen. Doch Sofia war fest entschlossen, sie wollte nach vorne und trauern. Deshalb atmete sie tief durch und stand auf. Mit zittrigen Beinen bewegte sie sich in langsamen Schritten zum Tisch. Auf diesem lagen so viele verschiedene Gegenstände, jeder erzählte eine Geschichte mit Milan als Protagonisten.

Manche waren lustig, andere rührend und herzlich. Sofias Beigabe kam ihr selbst albern vor. Doch es hatte für sie und Milan eine große Bedeutung. Als man sie nach einer Beigabe fragte, kam ihr nichts Besseres in den Sinn. Sofia legte das Uno-Kartenspiel auf den Tisch und sah dann in das große Bild, welches vor ihr über dem Gedenktisch hang. Milan lächelte ihr aufmunternd zu und sie konnte förmlich seine Stimme in ihrem Kopf hören, die sie dazu drängte, endlich etwas zu sagen. Sie drehte sich um und blickte in die Runde. Es waren einige Menschen zu Milans Trauerfeier erschienen. Familie, Freunde und Arbeitskollegen. Es war Sonntag und sie befanden sich in der Werkstatt, in der Milan gearbeitet hatte. Ein Ort, an dem er so viel Zeit verbracht hatte. Man könnte meinen, ihn hier immer noch zu spüren. Sofia kannte jeden der Anwesenden gut und sie fühlte sich deshalb auch wohl genug, um offen über ihre Gefühle zu sprechen.

„Wie ihr vermutlich alle wisst, war ich auch eine der Personen, die nichts von Milans Zustand wusste. Es war mir genauso, wie den meisten von euch, nicht bewusst, wie wenig Zeit er aufgrund seines Tumors übrig hatte. Es nicht von ihm persönlich erfahren zu haben, tut weh. Ihm nicht mehr sagen zu können, wie sehr ich ihm dankbar bin für alles was er je für mich getan hat, tut weh. Und vor allem, nicht mehr die Möglichkeit zu haben, vor ihm persönlich zuzugeben, dass ich mich jeden Tag darauf gefreut habe, nach der Schule mit ihm Karten zu spielen, tut weh. Deshalb wollte ich es hier und jetzt sagen, alles, was ich ihm nie mitgeteilt habe, von dem ich mir aber sicher bin, dass er es wusste. Ich glaube, wir haben alle das Gefühl, dass wir mehr für ihn tun hätten können und es besser gewesen wäre, wenn wir über seinen Tumor Bescheid gewusst hätten, damit wir uns anders verhalten und alles gesagt hätten, was wir loswerden wollten." Sofia nahm kurz einen zittrigen Atemzug. „Doch das ist genau das, was Milan verhindern wollte. Er hatte, was er brauchte, er war glücklich und hat sich nie über etwas beschwert.

Nicht jeder kann von sich behaupten, dass er mit seinem Leben zufrieden ist, doch Milan war es. Deshalb wollte er so gehen, wie ihn jeder von uns kannte, für mich wollte er auf ewig mein nerviger und kindischer großer Bruder bleiben."

Als sie das sagte, verschob sich eine Wolke, welche zuvor die Sonne verdeckte, und Sofia konnte das warme Licht auf ihrer Haut spüren, wie an jenem Nachmittag, an dem sie das letzte Mal mit Milan Karten gespielt hatte. Ein trauriges Lächeln legte sich auf ihre Lippen und es war das erste Mal seit Tagen, dass sie es ansatzweise schaffte, zu lächeln. „Für die meisten mag Uno nur ein Spiel sein, doch für mich ist es etwas, was mich mehr als alles andere an Milan erinnert. Wenn ich es ansehe, weiß ich wieder, wie sein Gesicht aussah, als er über seinen nächsten Zug nachdachte, wie es sich aufhellte, wenn er eine gute Karte zog und wie er anfing zu grinsen, wenn er wusste, dass er dabei war, zu gewinnen. Dies sind alles Dinge, die ich nicht vergessen will, denn es sind die Dinge, die mir das Gefühl geben, nicht weit von Milan entfernt zu sein." Einen richtigen Abschluss hatte Sofia für ihre Rede nicht gefunden. Den gab es auch nicht, es war ein offenes Ende. Wo auch immer Milan gerade sein mochte, sie wusste, dass er grinste. Denn Sofia hatte endlich ihre Karten auf den Tisch gelegt und ihre wahren Gefühle ausgesprochen. Etwas, das ihr bis heute schwergefallen war. Ab diesem Moment blieb der Himmel für den restlichen Tag wolkenlos.

Anna Heigl, 11 Jahre

Das Lied vom Schach

Zu später Stund', es ist schon dunkel,
im Kämmerchen bei Kerzenschein,
nicht sehend draußen das Sternengefunkel,
sitzt ein Mädchen, ganz allein.
Und vor ihr steht ein großes Brette.

Fünfzehn Steine, sie liegen daneben,
sie sind gebracht worden, schon zur Strecke.
Nur einer steht am Feld, ohne Beben,
in der linken unteren Ecke,
als ob man ihn vergessen hätte.

Oh nein, oh nein, oh nein,
wie kann das denn nur sein?
Das Schicksal, es bringt Kummer und Not,
für die einsamen in demselben Boot.

Dort steht er, hat alle besiegt,
und trägt doch Last so groß,
erinnert die Maid, wen sie geliebt,
wen sie musst' lassen los.
Der schwarze König blieb.

Steht für den Prinzen, der ihn geführt,
in diesem Kriegerspiel,
der selbst das Schlachtfeld nun berührt,
mit Tapferkeit so viel,
weit weg von ihr, die ihm so lieb.

Oh nein, oh nein, oh nein,
was wird als Nächstes sein?
Das Schicksal, es bringt Kummer und Not,
Und noch mehr Kummer, noch mehr Not.

Der Prinz, er kämpft, tagein, tagaus,
sieht and're Männer fallen,
er findet aus der Schlacht nicht raus,
betritt des Todes Hallen.
Die Botschaft wird zu ihr geweht.

Das Fräulein, es erkennt sofort,
erkennt das schlechte Glück,
sie folgt dem Ihren an finst'ren Ort
von dem es gibt kein Zurück.
Dank Wind Black King auch nicht mehr steht.

Oh nein, oh nein, oh nein!
Das darf doch gar nicht sein!
Das Schicksal, es bringt Kummer und Not,
im Leben und im Tod.

Im Leben und im Tod.

Im Leben und im Tod.

Limo und kariertes Brett

Er ist nun seit einem halben Jahr in Österreich. Seine österreichische Schwester ist ihm nach so einer langen Zeit noch immer fremd. Er bemüht sich sehr, dass sie sich verstehen, es bleibt aber erfolglos. Es ist August und die österreichische Freundin von der österreichischen Schwester kommt zu Besuch zu ihnen nach Hause. Sie spricht über irgendeinen Urlaub, spielen ein Brettspiel und sie trinken selbstgemachte Limonade. Müssen sie nicht für die Wettbewerbe und Tests für das kommende Schuljahr lernen? Was bringt ihnen das unnötige Lachen und Plaudern? Das Zeug, das sie schlürfen, ist sicher voll eklig. Sie sind beide fast 18 Jahre alt, sind sie nicht schon zu alt fürs Spielen? Er versteht nicht, wie die Figuren sich bewegen müssen, und nachdem die österreichische Freundin das Haus verlassen hat, geht er zur österreichischen Schwester, um sie nach dem Spiel zu fragen. Es hat ihn nämlich an eines erinnert, das seine Großeltern manchmal in der Heimat gespielt haben. Senioren - die haben eh nichts mehr zu tun. Sie erklärt ihm das Spiel und sie spielen miteinander. Er verliert. Er will nochmal. Nochmal. Nochmal! Das Ergebnis hat sich nie verändert. Der Frust steigt bei jedem Mal um einiges mehr. Sie fragt, ob er sich auf das Spiel oder den Gewinn fokussiert. Keine Antwort. Er geht wütend weg, weint, aber denkt nach. Am nächsten Tag dasselbe. Die folgenden Tage wieder.

Wochen sind vergangen, die Schwester sagt ihm eines Tages, als er wieder eine Runde spielen will, dass das Gewinnen nicht das wichtigste ist. Das hab ich aber so gelernt. Ich wollte der Beste sein, ich bin es auch geworden. Wenn jemand nicht der Beste ist, ist es einfach schlecht. Oder? Sie gibt ihm Tipps, er schenkt diesen Aufmerksamkeit, zögernd wendet er sie an. Zwischen den Zügen plaudern sie sogar ein wenig. Sie ist ja doch nicht so seltsam... Aber sie hat doch verloren, obwohl sie die letzten Wochen ständig gewonnen hat! Komisch... Seine Schwester ist nicht wütend, sie lächelt und meint, dass diese Runde ein großer Erfolg gewesen ist, da sie viel mehr miteinander geredet haben, sie ihn ein wenig besser kennt und das sehr erfreulich ist. Es macht ihm seitdem immer weniger aus zu verlieren, trotzdem hat es ihn manchmal geärgert. Auf neues Wissen lässt er sich öfter ein, wie auch auf Gespräche mit seiner Schwester außerhalb der Spielzeit und selbstgemachte Limo.

Er spielt jetzt sogar mit seinem Vater, obwohl das Gewinnen scheinbar unmöglich ist. Das macht ihm aber Spaß, denn er hat seinen Papa gern. Und der Junge wird mit jedem Spiel ein bisschen besser.

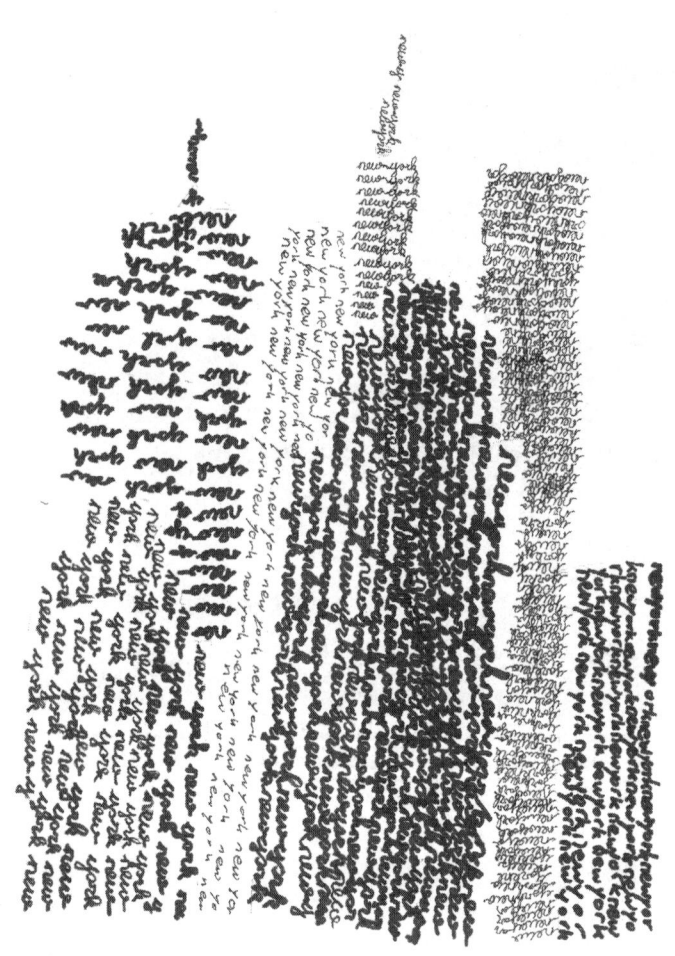

Antonia J. Zierlinger, 10 Jahre

34

Helena Ursprunger
17 Jahre   Jahrgänge 2003-2005

Das hier ist Krieg

Ruhig. Sehr ruhig. Fast schon zu ruhig. Ein Knall. Ein Schrei.
Ein Schuss. Und Blut. Viel Blut. Zu viel Blut. Tränen in den Ge-
sichtern. Jungen Gesichtern. Zu jungen Gesichtern. Verstörung.
Angst. Schweiß.
Nach einer Ewigkeit wird eine Flagge gehisst. Sie werden auf
die Beine gezogen. Und sie salutieren. Sie müssen salutieren. Die
Hymne wird gesungen. Laut. Sehr laut. Fast schon zu laut. Doch
viele hören sie gar nicht. Sie singen, doch sie hören sich nicht.
Wie eine Maschine stehen sie da. Sie wissen gar nicht, was sie da
tun. Manche stolz. Manche als leere Hüllen. Und trotzdem tun
sie es.
Denn sterben...sterben will keiner.
„Lauf! Renn weg!", schrie mein bester Freund, als plötzlich
eine Gestalt mit einem Maschinengewehr im Gebüsch nur wenige Meter von uns entfernt auftauchte. Und er trug nicht unsere
Farben. Nicht unsere Uniform. Nicht unsere Helme. ER war der
Feind. Uns wurde eingeredet, dass er der Feind war. Das Böse.
Das Schlechte. Das Falsche. Tief im Inneren wusste ich, dass er
das eigentlich nicht war. Dass er ebenso wie wir gezwungen war,
für etwas, woran er womöglich nicht einmal glaubte, zu kämpfen. Für etwas, wovon er nicht überzeugt war. Etwas, das weit
von seinen Prinzipien abwich. Aber genauso wie wir hatte er
Angst, was passieren würde, täte er es nicht. Dennoch... ich hatte keine Wahl. Was sollte ich denn tun? Nicht schießen? Selbst
zum Opfer werden? Also rannte ich so schnell ich konnte und
schoss nach hinten, in der Hoffnung vielleicht zu treffen. In der
Hoffnung zu treffen, bevor ich selbst getroffen werden könnte.

Der Tod machte mir Angst. Mehr als alles andere auf der Welt. Doch ich war gezwungen jeden Tag in Furcht und Panik zu verbringen. Wie oft ich schon zitternd, gelähmt vor Angst in einer Ecke saß und zu Gott betete, dass es aufhören würde. Zu Gott betete, mich nie wieder so fühlen zu müssen. Hinter mir hörte ich ein Aufstöhnen und wusste, dass ich zumindest für einige Sekunden in Sicherheit war.

Ich hatte hier nicht viele Freunde. Mir fiel es schon zuhause schwer Freunde zu finden, denn mit meinen 12 Jahren interessierte ich mich für ganz andere Dinge als viele in meinem Alter. So wurde ich schon, bevor das alles begann, als Außenseiter abgestempelt. Obwohl das Einzige, was ich wollte, war dazuzugehören. Deswegen kam ich hierher. Doch es wurde nur noch schlimmer. Denn wir waren sowieso schon in zwei Gruppen gespalten. Die, die voller Stolz und Elan für ihr Vaterland kämpfen wollten und es als eine Ehre und ihre Pflicht betrachteten, im Gegensatz dazu gab es solche wie mich, die unter keinen Umständen kämpfen oder töten wollten. Die keinen Stolz für ihr Land empfanden und eigentlich niemals erleben wollten, wie das Lebenslicht in den Augen einer Person erlischt. Für die Gewalt keine Lösung war. Nur dazugehören...dazugehören wollte ich.

Aber einen sehr guten Freund hatte ich: Nummer 567. Wir waren uns sehr ähnlich und halfen uns oft gegenseitig, wenn wir mal wieder schwarzsahen. Wir kämpften immer Seite an Seite und hielten uns den Rücken frei. Auch er war es, der mir gerade mal wieder mein Leben rettete, indem er unseren Feind als erstes sah. Ohne ihn hätte ich mich schon längst umgebracht. Ich weiß, dass das sehr hart und schockierend klingen muss, doch das Einzige, was ich mir wirklich wünschte, war, dass das alles hier aufhörte. Doch das würde es nicht. Also sah ich mich gezwungen es zu beenden. Als ich kurz davor stand meinen letzten Atemzug zu nehmen, nahm mich Nummer 567 in die Arme und ich weinte. Ich weinte lange. Und er hielt mich fest. Das erste Mal in einer langen Zeit fühlte ich mich geborgen und beschützt. Von diesem Tag an wichen wir uns nicht von der Seite.

Eines Tages wurde Nummer 567 im Kampf verletzt. Blut strömte unter seinem Helm hervor und ein Fleck bildete sich auf seiner Uniform. Ich fiel zu Boden und schrie. Ich schrie so laut wie ich noch nie geschrien hatte. Ich bekam keine Luft mehr und erstickte fast an meinen Tränen. Ich dachte es wäre das Ende. Ein paar ältere Soldaten kamen mit einer Trage zu uns und wollten ihn abtransportieren, doch ich klammerte mich an ihn fest und wiederholte immer und immer wieder, dass sie ihn mir nicht wegnehmen dürften. Plötzlich packte mich eine unglaublich starke Hand am Kragen und zog mich auf die Beine. Es war der Kommandant und er begann zu schreien: „Das hier ist Krieg! Wenn du so am Boden sitzen bleibst, wirst du auch noch sterben. Wenn du dich von deinen Gefühlen leiten lässt, dann ist das dein Ende!"

Dies musste die Hölle auf Erden sein.

Sterben. Sterben muss hier in Wirklichkeit niemand, denn wir befinden uns in einem Militärcamp für Kinder und Jugendliche in Mrzeżyno, Polen. Es ist ein Spiel. Doch nur weil es nicht „real" ist, heißt das, dass es sich im Kopf eines 12-jährigen Jungen nicht echt anfühlt? Dass er nicht trotzdem Angst hat mit scharfer Munition zu schießen? Blut, selbst wenn es kein echtes ist, auf den Körpern seiner Freunde zu sehen? Ist es ethisch vertretbar ein Kind Krieg spielen zu lassen? Und zwar echten Krieg. Nicht mit Stöcken und Schminkfarbe, sondern mit Uniformen und Gewehren? Unter keinen Umständen. Wenn man einem Kind verbietet Kind zu sein, indem man es zwingt, stolz für sein Land die Waffen in die Hand zu nehmen, wird „Vaterlandsliebe" das letzte sein, was es jemals fühlen wird.

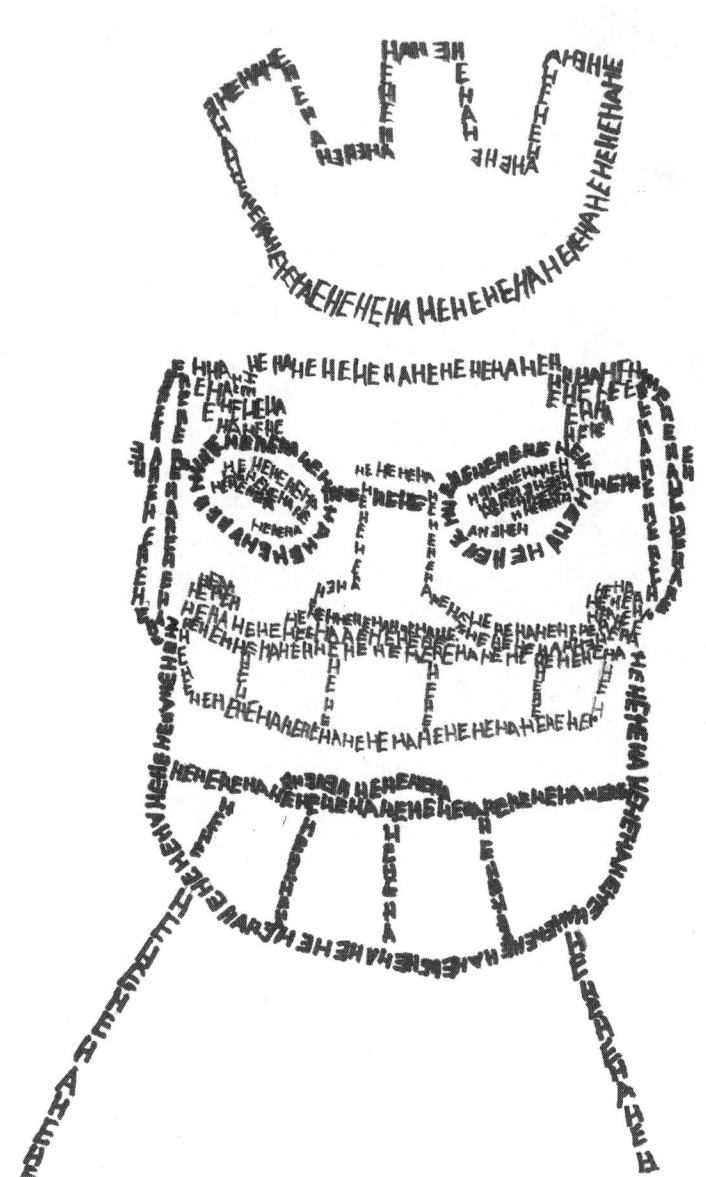

Bernhard Winkler, 11 Jahre

38

Katrin Pucher
19 Jahre   Jahrgänge 2003-2005

Das Verwelken eines Gänseblümchens

Sobald ich hörte, wie Lucy die Haustür hinter sich zuschlug
– wie dumm kann man sein und beim Verstecken lautstarke
Geräusche machen – hörte ich auf zu zählen und beugte mich
wieder über mein Matheheft. Ich lachte leise in mich hinein bei
der Vorstellung, wie Lucy in der Gartenhütte oder zwischen den
Thujen kauerte und darauf wartete, entdeckt zu werden.

„Aimee! Aimee!" Lucys Geschrei drang dumpf an mein
Fenster.

Ich hievte mich vom Bett hoch und schloss das gekippte
Fenster ohne auch nur einen Blick nach draußen zu werfen. War
es denn zu viel verlangt, sich in Ruhe seine Lieblingsserie anzuschauen? Die paar Minuten konnte Lucy ja wohl auch noch
warten.

„Lucy!", keine Antwort. „Lucy, ich gebe auf, du warst viel zu
gut. Komm raus!"

Als sich weiterhin nichts rührte, schlurfte ich, „Lucy" brül-
lend, durch den Garten. Das kleine Gatter zum angrenzenden
Grundstück stand einen Spalt offen. Sehr vorsichtig, Lucy. Du
warst wirklich sehr achtsam bei der Wahl des Versteckes. Ich trat
hindurch. Früher war dieser Garten wie ein zweites Zuhause für
mich, doch seit dem Sturm vor zwei Jahren war ich nicht länger
hierhergekommen. Meine Mutter hatte es zumal verboten, denn
„die Bäume sind schon so morsch und mitgenommen. Seit Jahren kümmert sich niemand um das Grundstück. Ich will doch
nur nicht, dass ihr euch verletzt." Bla, bla, bla…ich nenne es
übervorsichtig.

Meine Schritte verlangsamten sich, als ich etwas, nur wenige Meter vom Stamm entfernt, liegen sah. „Nein!" Ein Kloß bildete sich in meinem Hals. „Nein!" Tränen stiegen mir in die Augen. Ich redete mir ein, dass ein Ast am Boden lag, nichts anderes. Niemand anderes. Mein ganzer Körper zitterte, als ich es endlich über mich brachte, weiterzugehen und mich ins Gras fallen ließ. „Lucy!", brüllte ich. „Nein, bitte nicht!" Ein Schluchzen entfuhr meiner Kehle, während die zurückgehaltenen Tränen wie ein Rinnsal in der Wüste über mein trockenes Gesicht strömten. „Es wird alles gut Lucy, ich hab dich, es wird alles gut." Sanft legte ich ihren Kopf in meinen Schoß. Dicht an mich gedrückt, hielt ich sie in meinen Armen. „Es tut mir so leid Lucy", schluchzte ich. „Es tut mir so leid.", wiederholte ich immer und immer wieder. Während mir langsam bewusst wurde, dass Lucy ihre Augen nicht mehr aufmachen wird.

Was habe ich bloß getan?

Schwarz, wohin ich sehe. Sonnenbrillen bedecken ihre Gesichter. Sie tätscheln die Schulter, sprechen ihr Beileid aus, umarmen, bieten ihre Hilfe an. Aber nicht mir, nicht der Person, die es am Nötigsten braucht. Mich schauen sie nur an. Ihre Blicke voll Hass und Abscheu. ICH BIN WIE IHR! Warum seht ihr es nicht? Mein Herz ist auch zersprungen, schaut her, ich beweise es euch. Nur ein klaffendes Loch, dort, wo damals mein Herz pochte, gefüllt mit messerscharfen Scherben, tief dringen sie in meine Haut.

Ich schreie, brülle.
Hört ihr es nicht?
Ich weine, leide.
Seht ihr es nicht?
Seht ihr mich nicht?

„Meine eine Tochter ist tot, die andere für mich gestorben."
Manchmal reichen keine Worte, um auszudrücken, welchen
Schmerz ich verspüre. Manchmal reicht nicht einmal ein ganzes
Buch, um zu sagen, was ich fühle.

Hörst du mich nicht? Ich schreie. Brülle, so laut ich kann.
Meine Stimme ist bereits heiser, mein Hals schon wund. Ich
schreie, bis mich meine Stimme verlässt.

Siehst du mich nicht? Ich stehe direkt vor dir. So verloren, so
allein. Öffne deine Augen und schau mich an, Mutter. Ich leide,
genau wie du.

Fühlst du es nicht? Fühlst du nicht, dass etwas nicht stimmt?
Mein Herz, meine Seele, meine Lebenskraft, sie schwindet. Ich
zerbreche. Ich sterbe.

Ich werde fallen. In die Tiefe werde ich stürzen. Ich spüre es.
Ich werde fallen. Meine Finger rutschen ab. Ganz langsam, einer
nach dem anderen. Ich finde gleich keinen Halt mehr. Hilf mir
Mutter, gib mir deine Hand, bitte. Bitte Mama. BITTE!

Will jemand mein Leben?
Ich will es nicht mehr.
Will jemand mein Leben?
Ich brauche es nicht mehr.
Ich kann nicht mehr kämpfen,
ich kann nicht mehr stehen.
Mein Leben wird bald vorübergehen.

„Ich habe die Akte auf dem Tisch vergessen, bringe sie mir
ins Krankenhaus in den zweiten Stock." Ohne Verabschiedung
legte meine Mutter auf.

Keine Mutter-Tochter Beziehung mehr vorhanden. Sie redete nur noch das Nötigste mit mir, blickte mich nicht an, berührte
mich nicht. Während ich früher wegen jeder Kleinigkeit Haus-

arrest bekommen hatte, war ihr heute egal, was und wo ich mich herumtrieb. Sie hatte mich aufgegeben.

„Saal 204", meinte die Frau nach kurzem Aufblicken.

Ich kannte die Empfangsdame des Krankenhauses nicht, bewegte mich jedoch zu dem sogenannten Raum. Als ich eintrat, war nicht meine Mutter zu sehen, stattdessen saßen neun Jugendliche und ein Herr, der um die dreißig war, in dem Saal. Der Mann blickte auf.

„Oh, ein Neuzugang. Willkommen, bitte setz dich doch. Ich bin Doktor Frederick O'Brien, der leitende Psychotherapeut." Ich tat wie mir befohlen, obwohl ich eigentlich nicht hier sein sollte. „Wir machen heute eine Partnerübung. Jeder erzählt seinem Gegenüber den letzten Gedanken vor dem Einschlafen. Und danach etwas, das ihn heute zum Lächeln gebracht hat."

Ein dunkelhäutiges Mädchen saß mir gegenüber und lächelte mich an.

„Dann sind wir wohl ein Team. Hi, ich bin Kaitlyn O'Brien und helfe hier meinem Onkel ab und zu."

Ich schwieg.

„Du redest wohl nicht so gerne", stellte sie fest. „Okay, dann fange ich an, ich habe gestern Nacht an Käsekuchen gedacht und mich hat heute hmm., lass mich überlegen…"

Eine einzige Träne rann meine Wange hinab.

„Oh nein, was ist denn los?" Sie stellte ihren Sessel neben meinen, nahm meine Hände in ihre und drückte sie sanft, während sie mich mitfühlend anschaute. Das Mädchen strahlte ein derartiges Gefühlt der Geborgenheit aus, ich wusste auf einmal, dass ich ihr alles anvertrauen konnte, auch wenn ich sie noch nie in meinem Leben gesehen hatte.

„Bist du schon einmal an einer Brücke vorbeigegangen und dachtest warum eigentlich nicht?" Meine Stimme ganz leise, sodass ich mir nicht einmal sicher war, ob Kaitlyn mich verstanden hatte.

„Nein", meinte sie schließlich. „Aber ich weiß, wie es ist, wenn du diejenige bist, die bei so einem Sprung zurückbleibt."

„Hier, für dich", Kaitlyn streckte mir einen Zettel hin. Langsam faltete ich das Papier auseinander, während ich auf den Ausgang des Raumes zuging.

Es war einmal ein Gänseblümchen, ich nenne es Du
Du ist manchmal verloren
Du hat Angst
Du zweifelst oft an dir selbst
Du bist traurig
Du fühlt dich häufig alleine
Du macht Fehler
Du arbeitest so hart und gibst dein Bestes,
aber es fühlt sich manchmal einfach nicht genug an

Wie die Geschichte ausgeht? Ich erzähle es dir…
Du bist nicht alleine
Du bist nicht nutzlos
Dir geht es gut
Du bist viel stärker als du denkst
Du schafft das
Du lebst
Du bist wichtig für diese Welt

Ich blickte hoch und da stand sie, direkt vorm Altar. Kaitlyn. Der Mensch, der mir vor sieben Jahren gezeigt hat, dass das Leben kein Spiel ist, welches man einfach wegwerfen sollte. Sie hat mir gegeben, wonach ich mich seit dem Tod meiner Schwester gesehnt hatte: Zuversicht, Liebe, Hoffnung, Verständnis. Und deshalb liebe ich sie jeden Tag aufs Neue.

David Lehmann, 10 Jahre

Anna Weis
17 Jahre

Jahrgänge 2003-2005

Die Schachbrett-Theorie

Schnell. Laufen und rennen und sprinten. Sie sprangen über die Dächer, als wären sie Spielplätze, die nur darauf warteten, von stürmischen Jugendlichen erobert zu werden. Eine Drehung hier, eine Rolle da, sie testeten ihr Können in diesem natürlichen Parcour. Ohne Ziel bahnten sie sich ihren Weg durch den Großstadtdschungel, ohne zu wissen, was genau sie erreichen wollten. Eines wussten sie jedoch schon; dieses Wissen konnte ihnen niemand nehmen. Einer der Jugendlichen preschte vor und zeigte in eine bestimmte Richtung.

„Dort drüben! Sie ist nicht weit von hier!"

Die anderen Drei nickten sich gegenseitig zu und folgten ihrem Freund, lachend und springend unterhielten sie sich über die verschiedensten Dinge. Nichts davon hatte jedoch eine tiefe Bedeutung – solche Gespräche waren für einen anderen Ort bestimmt. Zumindest entschieden sie, dass es an diesem Tag so war.

Angekommen an ihrem Lieblingsort, einer verlassenen Autowerkstatt außerhalb der Stadt, machten sie es sich bequem. Mit der Zeit hatten sie diesen Ort immer weiter ausgebaut. Anfangs gab es keinen Strom, doch sie legten Kabel um und lagerten Getränke und Eis in der Kühltruhe. Sie entrümpelten die gesamte Werkstatt und zerlegten die Gegenstände, um Neues zu bauen. Wie erwartet von Jugendlichen wie ihnen waren diese Bauten nicht sonderbar ausstellungswürdig, doch sie taten ihren Zweck und hatten einen gewissen Charme. Die Gruppe brachte auch Kissen und Decken mit, sowie zwei Matratzen, auf denen sie bereits die ein oder andere Nacht verbracht hatten. So wurde aus der anfangs unübersichtlichen und dreckigen Werkstatt ein zweites Zuhause für die Kinder. Heute war eine dieser Nächte, in denen sie nichts Neues ausprobieren wollten. Das Gute, Altbewährte war ihnen dieses Mal wichtiger als neue Entdeckungen. Vielleicht fanden sie aber mehr als das.

Eine der Jugendlichen, Alex, setzte sich neben ihren Kameraden. Die anderen zwei trieben Unfug in einer der kleinen Hütten, welche sie vor der Werkstatt gebaut hatten. Ihr Kamerad lächelte sie an. Es war jedoch kein normales Lächeln, nein, Robin lächelte nie normal – zumindest nicht, wenn er Zeit mit seinen Freunden verbrachte. Es war immer mit starken Emotionen hinterlegt, großen Gefühlen, die er in solchen Situationen häufig nicht unterdrücken konnte. Alex und Robin saßen auf einem alten Auto, das die Gruppe gerne für jederlei Unfug nutzte. Sie sahen sich an. Es herrschte Stille zwischen den beiden. Dann brach Robin diese Stille.

„Hey, ich habe mal eine Frage für dich.“

„Klar, schieß los.“

„Wie frei sind wir?“

Hm. Alex musste darüber kurz nachdenken. Dann realisierte sie, was er damit meinte, und stieß ihm witzelnd den Ellenbogen in die Seite. Robin lachte.

„Du kennst die Antwort doch, Dummkopf. So frei wie wir wollen.“

Er erwiderte: „Bist du dir sicher? Wenn die Schachbrett-Theorie stimmt, dann sind wir doch alle nur Bauern!“

„Komm mir nicht schon wieder mit deinem Schachbrett an. Wir stehen nicht einmal darauf, wir sind Außenseiter. Wir sehen den Figuren auf dem Brett zu, wir sind ja nicht Teil davon“, seufzte Alex und zog ihre Beine nah an ihren Körper.

„Aber wenn wir keine Wahl haben? Was ist, wenn wir auf das Brett gezwungen werden und uns keine Entscheidungen gegeben werden? Was ist, wenn das Brett die ganze Welt beinhaltet, was wären wir dann?“

Robin starrte sie an, als er ununterbrochen redete. Er liebte Diskussion wie diese, bei denen er einfach sprechen durfte. Für ihn waren lange Gespräche nicht selbstverständlich, weshalb er versuchte, mit seinen Freunden über so viel wie möglich zu reden. Zuhause wurde er größtenteils ignoriert, hier konnte er einfach alles rauslassen.

Alex blickte zu ihm hoch und sah ein schelmisches Lächeln. Sie wusste, dass Robin jedes seiner Gesprächsthemen mit Bedacht wählte. Es störte sie nicht, im Gegenteil: Diskussionen mit Sinn dahinter, bei denen hörte sie gerne zu. Das war um Meilen besser, als ständig mit den gleichen oberflächlichen Themen konfrontiert zu werden. Deshalb neigte Alex leicht den Kopf und sah ihn fragend an.

„Also, wenn wir auf das Brett gezwungen werden…dann sind wir die bereits ausgeschiedenen Teile. Du weißt, die ganzen Bauern, die von den anderen Figuren rausgeworfen werden. Das sind wir. Nochmal: wir sind nicht Teil des Spiels."

Plötzlich hörten die zwei eine weitere bekannte Stimme.

„Ist nicht jeder Teil eines Spiels?"

Nina setzte sich neben die beiden, Wassereis am Stiel in der Hand. Sie hatte den beiden seit ungefähr einer Minute zugehört und ihr Eis genossen. Nun wollte sie Teil des Gesprächs sein, Teil der Diskussion. Jegliche Art der Aufmerksamkeit reichte ihr, auch wenn es nur sehr wenig war. Sie wollte sich nicht zwischen das Duo drängen, sondern sie einfach wissen lassen, dass sie hier ist. Nicht viele Menschen in ihrem Leben nahmen sie wahr, weshalb sie diese Gruppe äußerst schätzte.

„Ich meine, jeder ist doch in ein Spiel verwickelt, nämlich ins Eigene. Da kommst du nicht raus."

„Das eigene Spiel? Was meinst du damit?" fragte Alex.

„Das Leben. Stell dir vor, jeder hätte sein eigenes Schachbrett. Welche Rolle hättest du dann?", antwortete Nina, bevor sie das Eis wieder in den Mund nahm. Als Alex antworten wollte, bemerkte sie, dass das letzte Mitglied des Quartetts ebenfalls hier war.

„Hi, Sascha. Was sagst du zu dem Ganzen?"

Da Sascha eher ruhig war, wurde er normalerweise nie nach seiner Meinung gefragt. Dass die drei Freunde ihn trotzdem immer wieder als Teil der Gruppe einbinden wollten, machte ihn daher sehr glücklich. Mit einem schmalen Lächeln sagte er: „Nun...das kommt ganz darauf an, ob die Schachbrett-Theorie berücksichtigt, dass wir nicht alle Protagonisten sind. Ich zumindest bin eher ein Turm oder Pferd als ein Bauer." Im Gegensatz zu den anderen hatte Sascha eine wichtige Rolle in seinem Tagesleben. Tatsächlich war es aber so, dass er viel lieber ein Niemand wäre, genau wie Alex und Robin. Dadurch wäre seine Last um einiges leichter.

„Natürlich ist jeder ein Protagonist! Jeder ist der König auf dem eigenen Schachbrett. Allein können wir nur kleine Schritte machen, aber die wichtigen Personen in unserem Leben beschützen uns und ergänzen unsere Lücken", stieß Nina hervor. Sie hatte stets starke Meinungen, welche sie durchsetzen wollte.

Bevor jemand von ihnen antworten konnte, hörte die Gruppe einen Knall. Ein Feuerwerk war in einer Distanz explodiert und die Vier hatten die beste Aussicht von ihrem derzeitigen Standort. Sie waren so fasziniert, dass sie lieber den Feuerwerken zusehen wollten, als weiter zu diskutieren. Also sagte Nina: „Also, nur um das klarzustellen: das Leben ist ein Spiel und wir sind alle die Könige unserer Schachbretter. Genau das sagt die Schachbrett-Theorie aus. Verstanden?"

Doch die einzige Person, die reagierte, war Robin. Sascha ging Getränke holen und Alex war so fasziniert vom Feuerwerk, dass sie nicht wegsehen konnte.

„Nun, du hast Recht. Aber was nützt es uns, so viel darüber nachzudenken?", sagte Robin mit einem Lächeln auf den Lippen.

„Was? Du hast das Thema doch erwähnt!" grummelte Nina. Dies wurde nur mit einem Lachen erwidert. Seufzend rutschte Nina näher an Alex und kuschelte sich an sie heran, während Sascha mit Limonaden angelaufen kam. Er gab jedem eine Flasche und setzte sich neben Robin.

Das Leben ist also ein Spiel, hm?

…

Klingt so, als wäre es wahr.

Emma Pleil, 10 Jahre

50

Elena Mendel
19 Jahre   Jahrgänge 2003-2005

LEBEN

Was ist dein Lieblingsspiel?

Mein Lieblingsspiel? Ich glaube, ich spiele nicht so gern. Ich lebe gern.

Aber spielen nicht alle gern?

Wirklich alle? Vielleicht ist dann leben mein Lieblingsspiel.

Was ist leben für dich?

Leben? Leben ist für mich… tanzen.

Und was ist tanzen für dich?

Tanzen ist für mich… Leidenschaft. Magie. Liebe. Lebensfreude. Lust. Zweisamkeit. Musik. Freude. Freundschaft… Tanzen ist für mich Leben.
Es gibt keinen Moment, keinen einzigen, in dem ich mich besser fühle, als wenn ich tanze. Ich fühle mich leicht, ich fühle mich befreit, ich fühle mich unendlich.

Wenn ich tanze, dann bin ich glücklich. In diesen Momenten, in denen ich mit meinem Partner durch den Saal fege, ist alles perfekt. Oder auch nicht, aber es ist mir egal. Ich denke an nichts mehr. Ich bin einfach nur glücklich. Ohne Wenn und Aber. Ohne Bedingungen. Ohne Angst. Ohne Groll. Ohne Schuld und ohne Scham. Wenn ich tanze, dann bin ich glücklich. Rundum.

Wenn ich tanze, dann fühle ich die Musik. Es gibt so viele unglaubliche Lieder, so viele klassische Musikstücke, die das Herz höherschlagen lassen. Die Musik erfüllt meinen ganzen Körper. Meine Ohren kitzeln bei den süßen Klängen, mein Bauch fängt an zu flattern und meine Zehenspitzen beginnen zu kribbeln. Sobald ich weiß, welcher Tanz zu dem Stück passt, schließe ich meine Augen und bin in Gedanken schon mitten im Tanzsaal. Ich sehe vor mir, wie ich über das Parkett schwebe, noch bevor ich anfange zu tanzen. Die Gedanken daran sind so intensiv, dass sie sich oft real anfühlen. Doch das wahrhaftige Tanzen zu Musik, die man in seinem ganzen Körper fühlt, ist noch einmal ein ganz anderes Erlebnis. Die Musik muss laut sein, so laut, dass der Boden in ihrem Takt bebt. Die Musik muss jedes Gespräch überflüssig wirken lassen, weil sich alle Leute in der Musik wiederfinden. Die Menschen sollen lachen, das Leben genießen, die Augen schließen und mitsingen. Ganz egal, ob sie traurig, wütend, fröhlich oder verliebt sind. Denn jedes Musikstück löst andere Emotionen aus. So viele Lieder handeln von der Liebe und besonders dann, wenn man selbst verliebt ist, beginnt das Herz sich beinahe zu überschlagen, wenn man ein solches Lied hört. Gerade dann, wenn man verliebt ist, findet man sich weit über den Wolken wieder, wenn man ein Liebeslied hört und diese Liebe mit jemandem teilen kann. Gerade dann, wenn man traurig ist, und ein trauriges Lied hört, dann fühlt man sich gut aufgehoben. Und erst recht, wenn man glücklich ist und ein Lied hört, das vor Lebensfreude und Energie nur so strotzt, dann nimmt man all diese Freude und Energie in sich auf und verbreitet sie in der Welt.

Wenn ich tanzen gehe, dann freue ich mich jedes Mal so sehr darauf, meine Freunde zu treffen, mit meinen Freunden zu tanzen. Und wenn ich meinen Freunden beim Tanzen zusehe, dann füllt sich mein ganzer Körper bis oben hin mit Liebe und ich denke nur, wie glücklich es mich macht, jeden von ihnen so glücklich zu sehen. Ihnen allen bedeutet das Tanzen genau so viel wie mir und ich kann jedes Mal aufs Neue das Funkeln in ihren Augen sehen. Sie alle strahlen, nicht nur übers ganze Gesicht, sondern ihr ganzer Körper strahlt. Und ich weiß in jeder Sekunde, in der ich sie strahlen sehe, dass ich auch so strahle, genau so wie sie. Denn wir alle teilen diese eine Leidenschaft und wir alle tragen etwas von dieser positiven Energie in die Welt hinaus. Wir alle bringen die Welt durch unsere Freude am Tanzen ein wenig mehr zum Leuchten. Wir alle machen die Welt zu einem schöneren Ort, wenn wir mit unserer Freude die Menschen um uns herum anstecken. Und darauf bin ich fast ein wenig stolz.

Wenn ich tanze, dann habe ich Schmetterlinge im Bauch. Sobald ich den ersten Schritt setze, hebe ich ab. Ich kenne alle Schrittfolgen und Figuren längst auswendig. Mehr noch. Ich kann die verschiedenen Schritte schon lange nicht mehr benennen, oder überhaupt sagen, welche Schritte ich tanze. Ich tanze einfach nur. Ohne darüber nachzudenken. Die Schrittfolgen haben es aus meinem Kopf in mein Herz und in mein Blut geschafft. Ich muss nicht mehr darüber nachdenken, was ich tue. Ich schließe nur meine Augen und genieße den Augenblick. Ich kann nicht mal ansatzweise beschreiben, wie befreiend es ist den Körper arbeiten zu lassen, ohne ihn selbst zu kontrollieren, weil jede Faser meines Körpers genau weiß, was zu tun ist. Oft erwache ich nach einem Tanz wie aus einer Trance. Ich weiß nicht, was geschehen ist, welche Figuren und Schritte ich getanzt habe – ich fühle mich einfach frei. Ich fühle mich glücklich.

Wenn ich tanze, dann spüre ich meinen Partner. Die Magie beginnt, wenn er mich auffordert und mir seine Hand reicht. Wenn ich sie nehme und seine warme Hand spüre, die meine ganz fest hält, ohne zu drücken, dann beginnt mein Bauch zu kribbeln. Und wenn er seine andere Hand auf mein Schulterblatt legt, ich meinen Arm auf seinen bette, dann werden wir zu einer Einheit. Ab diesem Moment, ist egal, was um uns herum passiert. Wir tanzen um alles, was uns in den Weg kommt, herum. Wir bewegen uns miteinander im Raum, als wären wir ganz allein, als würde aller Platz auf dieser Welt nur uns gehören. Und in jeder Sekunde spüre ich die warmen Hände und den Körper meines Partners. Wir verstehen uns, ohne auch nur ein Wort zu sagen. Nicht einmal ansehen müssen wir uns. Durch den Kontakt unserer Körper wissen wir, was der andere tun wird, noch bevor er es tut. Wir kennen die Fehler des anderen besser als alles andere. Und ohne einen negativen Gedanken verzeihen wir uns alle Fehler. Wir gleichen die Fehler des anderen aus, ohne sie dem anderen vorzuhalten. Das ist eine Selbstverständlichkeit, denn wir vertrauen uns blind. Das Vertrauen zwischen uns ist so groß, dass ich meine Augen während des Tanzes schließen kann. Wenn ich dann nichts mehr sehe und nur noch spüre, wie wir zusammen tanzen und die Musik höre, zu der wir uns bewegen, dann fühle ich mich grenzenlos.

Es ist ein unbeschreibliches Gefühl. Das Gefühl, wenn die Leute zusammenkommen. Dutzende Jungen und Mädchen. Ein Raum voller Menschen, Musik und Lichtern. Die Stimmung ist ausgelassen. Alles ist echt. Es ist eine Mischung aus Freude, Spaß, Lebenslust und Liebe. Wenn die Musik spielt und der Boden im Takt bebt. Wenn man Stellung einnimmt und mit seinem Partner eine Einheit wird. Wenn man den ersten Schritt setzt. Man beginnt zu tanzen. Wenn man den Boden verlässt und fliegt. Dieses Gefühl ist unglaublich. Dieses Gefühl hält am Leben. Und macht dieses Leben lebenswert. Es verbindet alles in einem: Liebe, Lebenslust, Freude, Trauer… jede Emotion, die man je gefühlt hat. Im Tanz bin ich glücklich. Ich bin zu Hause, ich bin angekommen. Kein Moment, kein Gefühl könnte schöner sein als das, zu tanzen.

Zu leben bedeutet für mich Tanzen. Ich glaube, Tanzen ist mein Lieblingsspiel.

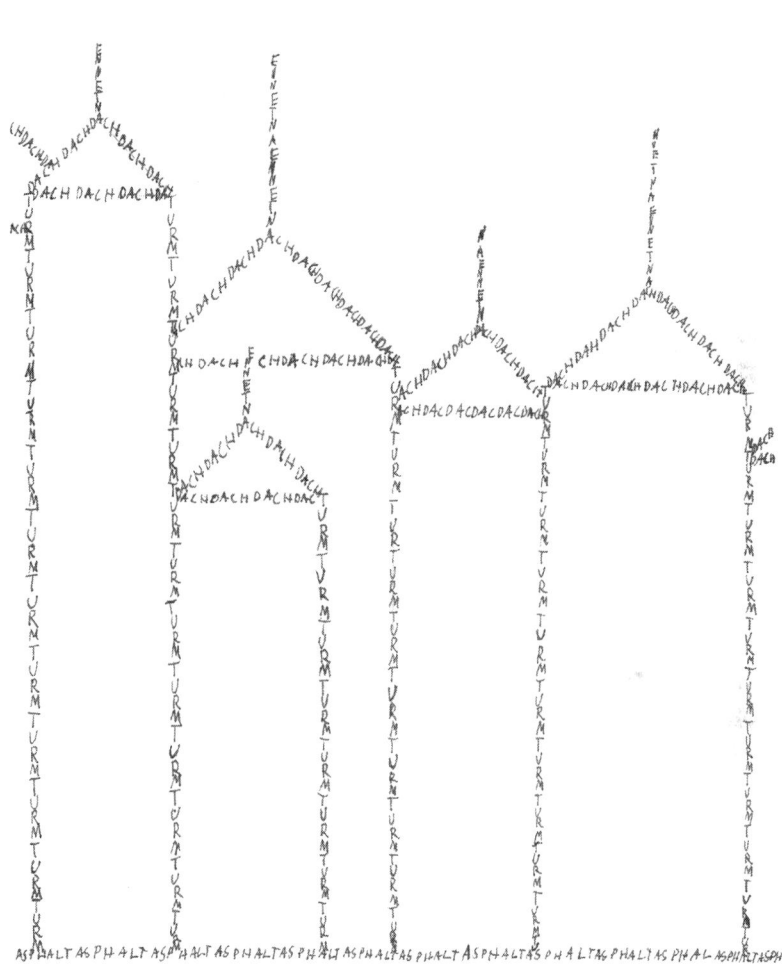

Florian Bärtl, 11 Jahre

Dienstag, 21:30 Uhr

Tiefschwarz, das ist alles, was ich sehe. Totenstille um mich herum. Die Luft schmeckt metallisch. „Wo seid ihr?", frage ich meine Gefährten. Neben mir raschelt es. Ich nehme ein gezischeltes „Hier…" von meinem besten Freund wahr. Schon seit Stunden sitzen wir in völliger Dunkelheit und versuchen keine Geräusche zu machen.

„Bald geht die Sonne auf", flüstert Tim, der mir gegenüber sitzt. Das wird auch Zeit, denn schließlich müssen wir zu unserem Hauptquartier zurückkehren.

Nach einer Weile beginnt sich der Himmel endlich dunkelrosa zu färben, bevor er schließlich zu einem sanften Orangerot übergeht und die Bäume um uns herum in goldenes Licht taucht. Langsam kommen wir aus unserem Versteck hervor und sehen uns um. Bäume, so weit das Auge reicht.

„Da haben wir uns aber in ein ordentliches Schlamassel reingeritten.", meine ich. Die Anderen stimmen mir zu. Genau genommen ist es aber nicht unsere Schuld, dass wir hier mitten im Nirgendwo sitzen und nicht wissen, wie wir wieder in unser Lager zurückkommen.

Seit einigen Jahren schon zieht eine terroristische Gruppierung, die Shaja, umher und verbreitet überall Angst und Schrecken. Die Anhänger der Shaja sind hinterlistig, brutal und skrupellos. Sie kennen keine Gnade. Sie scheuen auch nicht davor zurück unschuldige Menschen zu töten, um ihrem Ziel näher kommen, dem Besitz des goldenen Schlüssels der Macht. Dieser ist von unschätzbarem Wert. Wer ihn besitzt, dem bleibt keine Türe der Welt mehr versperrt. Der Schlüssel gewährt auch den

Zutritt zum Tempel der Weisheit, einem magischen Ort voller Gefahren und tiefer Erkenntnisse. Einer Legende nach ist jeder, der aus diesem Tempel lebend wieder zurückkehrt, allwissend. Das Problem ist nur, dass niemand weiß, wo dieser Tempel steht. Viele vermuten, dass er sich im Wald der Verwirrung befindet. Schon seit Jahrhunderten suchen unzählige Menschen nach dem goldenen Schlüssel der Macht. Er war unauffindbar, bis vor kurzer Zeit. Bis WIR ihn gefunden haben. Seitdem sind wir auf der Suche nach dem Tempel und dessen Tür. Natürlich hat es nicht lange gedauert, bis die Shaja herausgefunden haben, dass wir den Schlüssel besitzen.

Gestern haben sie unser Lager angegriffen. Da wir in der Unterzahl sind, blieb uns nichts anderes übrig, als die Flucht zu ergreifen. Irgendwann, als wir schon am Ende unserer Kräfte waren und wir einige unserer Kameraden verloren hatten, gaben die Shaja auf und zogen sich zurück.

Das bedeutet aber nicht, dass sie jetzt weg sind. Im Gegenteil, sie halten sich möglicherweise ganz in der Nähe auf und warten, bis wir in ihre Falle tappen. Dumm sind die Shaja nicht, im Gegenteil, aber wir sind ihnen einen Schritt voraus. „Die Shaja haben sich höchstwahrscheinlich in dem Gebiet versteckt, wo wir hergekommen sind und wissen, dass wir wieder genauso zurückkehren wollen, weil wir uns hier nicht auskennen. Deswegen sollten wir in eine andere Richtung gehen", instruiere ich meine Gefährten und wir machen uns auf den Weg. Nach einer Weile kommen wir zu einem Bach, überqueren ihn und folgen dem Lauf.

„Eigenartig", murmelt mein Freund Tim.

„Was denn?", frage ich.

„Hier sind gar keine Tiere zu hören oder zu sehen", antwortet er. Er hat recht. Das ist wirklich komisch. Jeder Wald, den wir bis jetzt durchquert haben, war von seltsamen Tiergeräuschen nur so erfüllt. Diese Stille ist schon fast unheimlich. Das Einzige, was hier zu spüren ist, sind unangenehme Schwingungen, die durch Mark und Bein gehen.

Zur Mittagszeit suchen wir uns einen geeigneten Platz zum ausruhen, bevor wir weitergehen. „Das gibt's doch nicht!", höre ich weiter vorne einen meiner Kameraden rufen. „Wir sind im Kreis gegangen!", ruft er.

Ich laufe zu ihm. Er hat recht. Hier haben wir die Nacht verbracht. „Wartet mal", bitte ich alle zur Ruhe, „wir sind dem Bach stromabwärts gefolgt, trotzdem sind wir wieder hier angekommen."

„Wir sind im Wald der Verwirrung!", schlussfolgern wir gemeinsam. Deswegen haben wir auch keinerlei andere Lebewesen gesehen; sie folgen ihrem Instinkt und wittern die Gefahr. „Das bedeutet …", ruft Tim, „ …dass hier in der Nähe der Tempel der Weisheit sein muss!" Wir brechen in riesiges Freudengeschrei aus, bis wir merken, dass wir nicht mehr allein auf der Lichtung sind.

Die Shaja! Es sind unglaublich viele. Sie kommen immer näher und drängen uns in die Enge. Einer von ihnen tritt vor. „Wir wollen den Schlüssel", fordert er mit ausgestreckter Hand.

„Niemals!" rufen wir.

„Dann bleibt uns nichts anderes übrig", sagt der Shaja mit drohender Stimme und wendet sich seinen Gefährten zu. „Feuer marsch!", brüllt er, und plötzlich ist die Lichtung von brennenden Pfeilen erhellt.

„Wir müssen weg!", ruft Tim.

„So schnell wie möglich", ergänze ich. „Aber ich sollte inzwischen wirklich weg.", reißt mich meine innere Stimme ins Hier und Jetzt zurück.

„Du kannst uns doch jetzt nicht allein lassen!", ruft Tim aufgebracht.

„Ich weiß", beschwichtige ich ihn, während ich mich vor einem Pfeil ducke. „Aber ich muss doch noch Mathe lernen. Ich habe morgen Schularbeit!"

„ Wir haben den goldenen Schlüssel der Macht und sind ganz in der Nähe des Tempels der Weisheit. Bald sind wir allwissend, dann musst du nie mehr lernen!", versucht er mich zu überzeugen.

„Schön wär's", seufze ich. „Aber schließlich ist dies nur ein Spiel", sage ich und klappe den Laptop zu.

GAME OVER

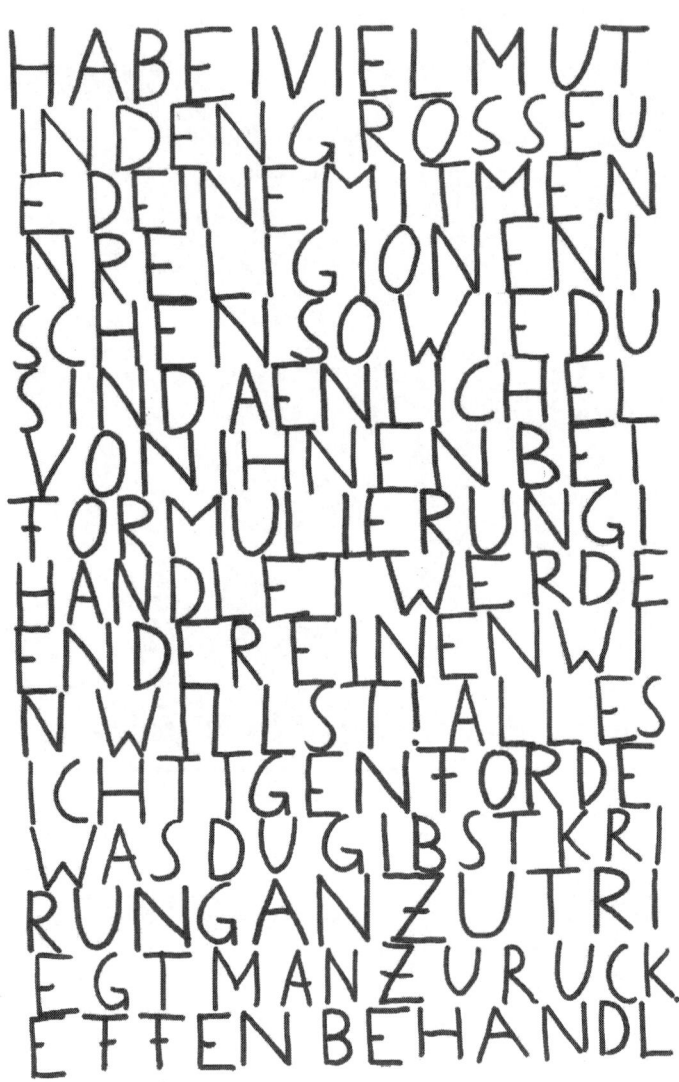

HABE IVIEL MUT
IN DEN GROSSE U
E DEINE MIT MEN
N RELIGIONEN I
SCHEN SO WIE DU
SIND AENLICHEL
VON IHNEN BET
FORMULIERUNG I
HANDLE I WERDE
ENDER EINEN WF
N WILLST! ALLES
ICHT TGEN FORDE
WAS DU GLBST KRI
RUNG AN ZU TRI
EGT MAN ZURUCK
E TTEN BEHANDL

Franziska Balogova, 11 Jahre

60

La Fille Diabolique

Ein wahrlich wunderbarer Tag ist jener gewesen, um nicht zu sagen eminent, ja, das war er, doch leider musste ein unerfreuliches Malheur diese Idylle zerstören. Wovon ich rede? Geduld scheint nun wirklich nicht eine Ihrer Stärken zu sein, Sie sind nicht einmal in der Lage, mich armes Wesen meinen Gedankengang ausführen zu lassen. Denn, glauben Sie mir, beginne ich erst einmal zu erzählen, werden Sie sich kaum von meinen Lippen reißen können. Wer ich bin, interessiert Sie nun auch noch? Auch das wird sich selbstverständlich erübrigen, vertrauen Sie mir, nur so viel kann ich sagen: Manch einer würde mich als Misanthrop bezeichnen, manch einer als machthungrig und niederträchtig, doch dieser Bezichtigung kann ich mich wohl kaum anschließen. Denn ich, meinerseits, ja ich würde mich als, naja, wie würde ich mich beschreiben, welches Attribut wird meiner gerecht? Anmutig jedenfalls, womöglich ausgefuchst. Doch bevor mir die Worte fehlen, beginne ich mit dem Grund für unsere heutige Anwesenheit: meine ominöse Geschichte.

Besonders eine Frau in meinem Leben hatte es mir angetan, Colette Guillaume, ein wirklich unnachahmliches Frauenzimmer. Wir schreiben übrigens das Jahr 1799, die französische Revolution nahm endlich ein Ende und dem Teufel sei Dank brachte der neue Zeitgeist auch im modischen Sinne eine Veränderung, die damaligen Kniebundhosen waren ja kaum auszuhalten. Colette war betörend, doch nicht schön anzusehen, nein, sie war wahnsinnig interessant. Sowohl ihre Präsenz, man vermochte sie stundenlang anzusehen und sich dennoch nicht sattzusehen, da sie eine wahrhaft magische Aura hatte, als auch ihre Person selbst, die vor Charme nur so sprühte. Männer hatte sie genug in ihrem Leben, doch mir blieb als einziger das Glück, ihren Schoß meine Schlafstätte nennen zu können. Ach, wie herrlich ihre zarten Hände kraulen und streicheln konnten, wüsste ich es nicht besser, wäre ich zu der Zeit durch diese Frau sicher wieder gläubig geworden. Colette war zu der Zeit in Toulouse primär für ihre Spielkünste bekannt, wenn auch nur wenige das Glück hatten, diese mitanzusehen. Fille diabolique, so wurde sie liebevoll genannt, mit der wahnwitzigen Vorstellung, sie sei die Tochter des Teufels. Lächerlich, wenn man sie ansatzweise so gut kennt wie ich, doch für den Pöbel erschien dies sehr plausibel. Sie hieß alle Welt bei uns zu Hause willkommen, doch während sie mit den Damen Teekränzchen abhielt und sie zu Geschäften überredete, trieb sie mit den Männer ein Geschäft anderer Art, Sie wissen schon. Sie verkaufte primär Lavendeldüfte der Provence, denn dort residierte eine ihrer Tanten, die Besitzerin eines Landguts war und ihr den Lavendel zukommen ließ, doch diente dies eher ihrem Vergnügen, denn ihren Reichtum verdankte sie ihrer zahlreichen Gewinne in Baccara Banque, einem Glücksspiel, das sie zu meistern schien. Meist umkreiste und umgarnte ich die Beine der Anwesenden und schnurrte, bis sie mir einen Garn oder gar ein Stück Fleisch zuwarfen, doch ich schweife ab. Die faszinierenden Dinge allerdings fanden im Casino Barrière statt, dort passierten wirklich Wunder und ich konnte sie aus erster Reihe miterleben. Ein Spiel nach dem anderen wurde gewonnen, mein Frauchen wusste immer, wann aufzuhören war und mit wem sie zu spielen hatte, um möglichst viele Chips mit nach Hause zu nehmen. Glück? Tja, wer weiß, vielleicht ja wirklich ein Pakt mit dem Teufel. Und ich war ihr Talisman, denn mit mir an ihrer Seite war der Verlust gar unmöglich.

Nun zu dem unangenehmen Teil meiner Erzählung, ach, was für eine Tragödie sich an diesem Tag abspielte. Auch heute kommen mir noch die Tränen, wenn ich die verstörende Erinnerung ihres Untergangs, der betörenden Colette Guillaume, wachrufe. Wieder einmal spielte sie und wieder einmal gewann sie, was nicht anders zu erwarten war. Doch ich Trottel, ich ließ mich durch ein anderes Weib in den Schlaf treiben, denn auch sie hatte wolkenzarte Hände, ach, da würde kaum ein Kater widerstehen können. Das letzte, was ich mitbekam, war wie Monsieur Monclaude, ein wahrlich schmieriger Genosse, die Finger nicht von ihr lassen konnte. Als nächstes muss sie wohl für kleine Mädchen gegangen sein, denn dort fand ich sie auf, ihr toter Körper von der Decke baumelnd.

Selbstmord, ganz klar, doch um Himmels Willen, wieso tat diese Frau sich das an? Einen Moment, ach ja, ich erinnere mich. Ein hämisches Grinsen umspielt meine Schnauze, meine Schnurrhaare zittern vor Amüsement, müssen sie sich vorstellen. Denn eine wichtige Eigenschaft habe ich vergessen zu erwähnen, ich bin ein notorischer Lügner. Ich kann einfach nicht anders, in mir ist ein Drang, der mich dazu zwingt, die Unwahrheit zu sagen. Bis zu diesem Zeitpunkt in der Geschichte waren die Ereignisse wirklich todeslangweilig, gähn, doch an dieser Stelle wird es erst lustig: Fille diabolique trifft es nämlich eher weniger, denn ein Kater kann unmöglich einen Menschen zeugen. Was Sie da hören? Ach, bloß eine Umschreibung der Tatsachen, wir müssen ja nicht immer alles in Worte fassen, nicht wahr? Tja, so endet wohl die Geschichte unser bedauernswerten Colette, ein wirklich trostloses Ende, doch um mich mache ich mir eher Sorgen. Wer soll sich um mich kümmern, ich bin doch nur ein wehrloses armes Kätzchen? Colette war trotz allem ein wirklich bezauberndes Frauchen, wenn auch nicht ganz freiwillig. Naja, immerhin bekam sie eines von mir: Ihr Glück im Kartenspiel, ohne dieses wäre sie schon viel früher dem Untergang geweiht gewesen, so erbärmlich ihre Künste waren. Zu der Zeit musste ihre Familie auf der Straße hungern und war dem Tod nahe, hätte sie sich nicht durch ihr Glücksspiel etwas dazu verdient. Und im Gegenzug dazu forderte ich nur eines: Ein unvergängliches Leben mit einem unvergänglichen Begleiter, und so lebten wir auch, und zwar über Jahrhunderte. Ja, ganz recht, Sie hören richtig, Colette war in Ihren Worten ausgedrückt, unsterblich. Mich stellte das Leben zufrieden, doch das kleine Ding wurde immer verzweifelter. Ich sollte ihr doch nur aus der Armut helfen - und was hatte sie nun davon? Den Verlust ihrer Geliebten hatte sie wohl nicht überwunden und so einen Ausweg gefunden, ein winziges Schlupfloch, das ich übersehen hatte. Doch wer konnte schon voraussehen, dass Selbstmord eine ihrer Optionen war? Mein Mitgefühl hält sich allerdings in Grenzen, denn man sollte sich vielleicht über die Konsequenzen informieren, wenn man mit mir, dem Teufel, einen Pakt schließt.

Franziska Steinbacher, 10 Jahre

Paula Dorten
17 Jahre

1. Preis
Jahrgänge 2003-2005

Grenzenlos

Sie hat die Grenze gespürt. Zum ersten Mal. Das Ruckeln des Busses über den gebrochenen Asphalt, wie eine Mutter, die ihr Kind schaukelt. Und sie schaukelt ihr Kind. Die Arme um den kleinen Körper geschlungen, der warm und zittrig ist. Sie ist kalt und hat aufgehört zu zittern. Die Grenzsoldaten hatten Ringe unter den Augen. Furchen im Gesicht. Aber so genau hat sie das nicht gesehen. Die Stimmen sind wie Brei an ihr Ohr geflossen und daran herunter geronnen. Abgedämpft. Auf den Boden getropft. Ein bisschen klingt das nach in ihrem Kopf. Sie wollte aufatmen, aber da war keine Luft. Das neue Land ist nicht das ihre, aber gleich sieht es trotzdem aus. Alles dröhnt. Die Menschen. Der Motor. Die Wahrheit. Über gestreiften Äckern hängt der Dunst. Da gibt es unverputzte Bauernhöfe, wo sie sehen kann, wie Ziegel auf Ziegel steht. Wo sie herkommt, war es genauso. Vielleicht hat sie die Grenze gar nicht gespürt. Keine Leichtigkeit. Vielleicht war das Einbildung. Die Sonne zieht den Tau aus den Feldern und die sehen aus wie gebürstet. Die Sonne ist eine schlechte Putzfrau, denkt sie. Wenn sie durch das Fenster fällt, dann hat die Welt darin einen Dreckfilm. Der Staub verdeckt ihr die Sicht. Sie ist wie ein Fisch im Aquarium mit Augen, die an der Scheibe kleben. Sie hat alles hinter sich gelassen.

Er kann schwimmen. Glaubt er zumindest. Früher in der Badewanne war das Wasser lauwarm. Er hat dem Rauschen der kleinen Wellen gelauscht und sie sind immer lauter geworden in seinem Kopf. Er hat sich vorgestellt, er wäre ein Profischwimmer wie im Fernsehen. In Gedanken ist er vom Stockerl gesprungen. Der Rücken gekrümmt und die Zehen in die raue Oberfläche gegraben. Wie ein Frosch, wie eine Feder. Und dann ist er abgetaucht. Er hat sich frei gefühlt. Sein langer dünner Körper hat plötzlich Gänsehaut getragen. Das Wasser ist über ihm zusammengeschwappt und hat ihn überall berührt. Dann hat er den weißen, zerbrochenen Badewannenboden gesehen und gewusst, dass er kein Profischwimmer ist. Er kann sich an alles genau erinnern, wenn er die Augen schließt. Wenn er sie öffnet sieht er nur noch blau. Eine Wanne ohne Rand. Das Meer ist matt und stumpf. Er hat die Knie an die Brust gezogen. Er spürt, wie das Meer atmet unter ihm, wie Welle für Welle gegen den Bug schlägt. Die Schwimmweste ist ihm zu groß. Im Sitzen rutscht sie über seinen Hinterkopf. Er stellt sich vor er kann darin versinken und wieder auftauchen, wenn alles vorbei ist. Er hofft, das er schwimmen kann.

Die Zukunft, die hängt an den Papieren. Die Zukunft, die hängt an der Vergangenheit. An dem Foto, in Sepia Filter getaucht, auf dem sie sich selbst in die Augen schaut. Und sie weiß nicht mehr, was sie gedacht hat in dem Moment. Die starren Pupillen sagen nichts. Sie hat in den Blitz geschaut und nicht gelächelt. Sie hat geglaubt sie wird damit in den Urlaub fahren.

Sie haben gesagt, schau auf die Männer, die was wollen von dir. Schau auf die und halte dich fern. Zuerst wollen sie dir was verkaufen und dann verkaufen sie dich. Also deinen Pass, behalte ihn dir. Und sie denkt, der Pass, der Pass. Ich verpasse mein ganzes Leben, das zieht hinter den Grenzen vorbei. Dann steht sie auf dem Asphalt im grellen Licht der Sonne. Und der Dreckfilm ist weg. Das Busfenster ist weg. Der dreht seine letzte Schleife und die schnürt ihr den Hals zu. Er klebt am Rand des Horizonts bis er verschwindet und sie glaubt, sie ist ein Kind, dem die Nabelschnur abgeschnittenen wird. Kein Weg zurück, nur noch umsteigen. Neuer Bus, neues Glück. Aber kalt ist es trotzdem. Der Himmel ist viel zu klar für diese Welt. Sie sollte die Blicke spüren, aber ihr ist über Nacht eine Hornhaut gewachsen und da kommt nur noch das Wichtigste durch. Es fallen Schatten in ihr Gesicht und ihr fällt ein, wo sie ist. Bahnhöfe sind Orte, an denen man viele Menschen nie wieder sieht. Sie sieht Kinderfüße, die springen als wäre die Straße ein Trampolin und Frauenschuhe, von Koffern und Säcken umrahmt. Sie sind alle still, aber im Lärm fällt das nicht auf. Sie ist verkrampft, ihr Kopf hängt so schwer. Dann bewegen sich die Schatten, die anderen Frauen. Sie nimmt die Hand, die zum Kinderfuß passt und die Säcke und zieht sie hinter sich her, wie ganz früher den Stoffhund.

Er ist eine kauernde Salzfigur. Der Wind hat ihn ausgepeitscht. Eine Statue. Der Regen hat ihn eingemeißelt. Er zieht die Nase hoch und sein Hals brennt und alles brennt und er spuckt. Er hustet und zittert und dann ist eine Hand auf seinem Rücken und er glaubt, er spürt die Wärme durch den dicken orangenen Stoff. Menschen aneinander gepresst. Er glaubt, seine Organe haben Gänsehaut. Ein innerliches Schütteln und dann ist sein Körper still. Die Stimmen der anderen treiben mit den Wellen davon. Tief und unruhig. Er wickelt sich ein in die Sprachmelodie und die brüchigen Worte, die ihn umschweben. Am Meer klingt es nicht anders als hinter den Landesgrenzen. Und wenn er zum Himmel schaut, ist da kein glimmender Mond sondern seine Nachttischlampe, mit Tüchern verhängt. Mit den Augen auf Halbmast schläft er niemals ein.

Der neue Bus riecht anders. Aber bald riecht er nach Erbrochenem. Der Magen braucht Platz um die Angst zu verdauen. Die Körper der anderen sind lasch in sich zusammengefallen. Unter Jacken und Kleidung vergraben. Schichten über Schichten haben sie getragen. Wie Zwiebeln. Ihr Kind hat sich zusammengerollt und sie streichelt seinen Kopf. In ihrer rissigen Haut bleiben Haare hängen. Hier sieht das Land schon anders aus. Die Autos sind neuer, die Häuser fertiggebaut. Die Wiesen grauer. Aber hier bleiben sie nicht. Nur Durchreise. Die Luft ist stickig. Kein Fenster lässt sich öffnen. Sie spürt ihre Beine nicht mehr. Bewegt ihre Zehen zaghaft. Der Bus ist keine Mutter mehr, die ihr Kind schaukelt. Die Welt ruckelt seit Tagen. Und plötzlich hat sie ein Gegenüber auf der Nebenspur. Eine Schulklasse im Bus und hinter ihren Fenstern baumeln Skihelme. Sie starrt. Die Klasse winkt. Die Klasse lächelt. Sie starrt. Die Mädchen haben geflochtene Zöpfe. Die Klasse starrt. Die Lächeln rutschen an den Fenstern hinab. Vorbei. Sie kommt niemals an.

Sie haben gesagt, die Schwimmweste hält. Sie haben gesagt, das Boot hält. Nur das Meer hält sich nicht an Versprechen. Er denkt an die Geschwister und das Zahnlückengrinsen. Er denkt an die Mutter und die Blumenvorhänge, die sie nicht aufgehängt hat. Die Schreie treiben mit den Wellen davon und ihre Sprachmelodie zerreißt. Er trinkt. Ertrinkt. Salz. Er versinkt in der Schwimmweste und taucht nicht wieder auf, wenn alles vorbei ist. Er sieht weiß und er glaubt, es ist der Badewannnenboden.

Die Tür steht offen
Für die Nachbarn in Not
Das Haus verschlossen
Für den Rest der Straße
Der liegt tot
Im Vorgarten

Wir unterteilen Flüchtlinge in
Gute und schlechte
Die weiße Frau
Der schwarze Mann
Schau her

Sie ist verletzlich zart und arm
Und er
Hat doch Wehrpflicht
Er lässt sein Land im Stich
Eine Bedrohung
Die wir im Mittelmeer ertrinken lassen

Und schon spinnen sich Geschlechterrollen fort
Die zu einem Lügenteppich werden
Unter den wir den Rassismus kehren
Wir bekehren uns zur Nächstenliebe
Prahlen scheinheilig mit Akzeptanz
Und Heiligenschein
Beschönigen unsere Ignoranz
Und aus Wasser wird kein Wein
Sondern Blut

Es wird Hass geschürt
Und Krieg geführt
Gegen die, die vor ihm fliehen
Es ist ein Spiel
Mit Macht und Sympathie
Ein Spiel
Zwischen Entwicklung und Industrie
Nationen
Es gibt zu viel
Geschummel
Kein Verschonen
Zu viel Verstummen
Wahrheit, die niemand erzählt,
Die Türen und Fenster offenhält
Für die ganze Welt
In Not

Gabriel Skraback, 11 Jahre

Eine Decke für zwei

Schmutzige Finger platzierten das Deck Karten auf dem Tisch und ein Raunen ging durch die Menge. Das Zelt war nur von Petroleumlampen beleuchtet, draußen wehte ein kühler Wind. Meine Mutter saß am Boden in einer Ecke, mein Bruder auf ihrem Schoß. Ihr Rücken war gekrümmt und sie zitterte, während mein Bruder ihr aufgeregt etwas erzählte. Ich saß ein paar Meter von ihnen entfernt auf einem Hocker, eine inaktuelle Zeitung in meiner Hand, doch die Zeilen interessierten mich nicht. In der Mitte des Zeltes war der Runde Tisch, auf ihm das Deck Karten. Die Stühle rundherum waren bis auf einen komplett besetzt, Menschen jeder Altersgruppe saßen da. Der Letzte war noch leer und bis jetzt hatte es noch niemand gewagt, sich auf ihn zu setzen und bei dem tödlichen Spiel mitzuspielen. Obwohl der Preis, den man gewinnen konnte, äußerst außerge-wöhnlich war.

Zwei Schiffskarten nach Südamerika, ins warme, sichere Süd-amerika. Ich hatte Europa zuvor noch nie verlassen, viel Geld hat man nach der Flucht aus seiner Heimat schließlich nicht. Genau deswegen war auch der letzte Platz, die letzte Möglich-keit teilzunehmen so verlockend für mich. Mein schweres Herz sehnte sich nach Freiheit, ich suchte nach einer Umarmung, die mich wärmen und mir Schutz gewähren würde. Ich stand auf. Meine Mutter bemerkte mich und betete mich mit ihren müden Augen still an: „Tu's nicht." Auf meinem Weg zum Tisch stol-perte ich mehrmals über den Teppich, der zerfranst auf dem Boden draufgenäht war. Als ich mich schließlich hinsetzte, rich-teten sich alle Blicke auf mich. Die anderen Teilnehmer waren große, starke Männer und junge, ehrgeizige Burschen, sie alle tauschten spöttische Blicke, als sie mich sahen. Die Spielleiterin, eine eher komisch gebaute muskulöse Frau, hob ihre Hand, woraufhin alle verstummten. Jeder Spieler hatte acht Karten in der Hand, sie waren schon an einigen Stellen eingerissen, wahrscheinlich hatten schon dutzende Hände sie angefasst und beschädigt. Die Spielregeln waren ganz einfach, es gab eine Reihenfolge von Karten, die man nacheinander ablegen musste. Sieben, acht, neun, zehn, der Bube, der Ober, der König und schließlich das Ass. Wenn man drankam und die Karte nicht besaß, legte man eine andere Karte ab und log die Mitspieler an. Wenn man erwischt wurde, rief jemand: „Schwindel!" und der Spieler wurde ausgeschieden. Derjenige, der zuerst all seine Karten loswurde, hatte gewonnen. Das Spiel, aber auch die zwei Schiffspassagen.

Den Ausweg aus unserem zerrissenen, veralteten Lager, weit raus nach Amerika. Hinter mir saß ein blinder Mann, er lächelte so glücklich vor sich hin, als wäre alles auf dieser Welt gut und schön. Er murmelte was von zu Hause und von seinem Sohn, der auf ihn dort wartete. Die Runzeln auf seinem Gesicht waren wie eine Karte, sie zeigten, wo er schon gewesen war und was er schon erlebt hatte. Ich fand ihn sehr interessant, so einen Menschen hatte ich vorher noch nie getroffen. Meine Mutter näherte sich entsetzt dem Tisch und schaute mir aus der Menge der Schaulustigen zu. Jeder hob seine Karten. Das Spiel hatte begonnen. Eine Weile lang ging es ruhig voran, ich musste zweimal schwindeln, niemand erwischte mich.

Das Spiel hatte aber auch eine Schattenseite. Wer erwischt wurde, flog raus. Und alle, die auf ihn gewettet hatten, verloren ihr ganzes Geld. Nicht selten wurde man dann von demjenigen, der auf einen gewettet hatte, umgebracht. Deswegen spielte Schauspielern hier eine große Rolle. Inzwischen saßen nur mehr drei Spieler um den Tisch herum, die Spannung erstickte mich.

Die meisten Zuschauer hatten sich schon in die Ecke des Zeltes zurückgezogen, ich saß allein mit einem deutschen Kaufmann und einer alten russischen Hausfrau am Tisch. Draußen wurde es schon langsam wieder hell, in drei Stunden würde das Schiff abfahren. In meiner Hand waren nur mehr zwei Karten, ein König und eine Sieben. Zum Glück kam ich in der nächsten Runde zur sieben dran und konnte so meine Karte ablegen. Nach mir legte der Deutsche seine Karte auf den Stapel. Im Gegensatz zu mir zitterte er, ob wegen der Kälte oder der Aufregung, war unklar, aber seine Augen sagten die Antwort.

Angst.

Das war seine Schwäche. Das Unterdrücken menschlicher Gefühle, das Zurückhalten und das Täuschen der Mitspieler war hier das Wichtigste. Ein kleines Zucken in deinem Gesicht könnte dich schon verraten. Danach folgten 15 Minuten Pause. Ich drehte mich um und bemerkte, dass der blinde Mann noch immer neben mir saß. Zwischen seinen Fingern waren zwei Häkelnadeln, mit denen er eine komisch geformte Decke anfertigte. Er hatte wohl gespürt, dass ich ihn ansah, er blickte nämlich auf und schaute mich mit seinen leeren, milchigen Augen eindringlich an. Ich hätte ihn so gerne gefragt, wie er erblindet war, es kam mir aber im Moment eher unpassend vor.

„Sie spielen wirklich gut, junge Dame!", sagte er dann plötzlich. Seine Stimme war süß und fröhlich, sie zeigte keine Spuren von Angst oder Sorgen. Sie erinnerte mich an den Sommer vor drei Jahren in Kroatien. Damals hatte mein Vater noch gelebt. Ich lächelte und bedankte mich. Er erzählte mir, dass er ursprünglich aus Südamerika kam und dass dort sein Sohn mit seiner Frau und deren Kindern lebte. Laut dem Blinden hatten sie ein Strandhaus und es war dort immer warm, sogar im Winter. Das konnte ich mir nicht vorstellen. Immer warm... In diesem Moment erlosch die Petroleumlampe und mir wurde kälter als je zuvor. Er legte die Häkelnadeln auf den Tisch und legte die

Decke um meine Schultern. Die anderen Flüchtlinge schliefen schon, nur meine Mutter erzählte meinem Bruder noch eine Geschichte, die sie mir vor Jahren auch erzählt hatte.

„Doch der Prinz konnte gemeinsam mit der Liebe die Angst besiegen. Sein Herz schlug für die Heimat, das Wohl seiner Mitmenschen. Für die Familie und für die Gerechtigkeit. So eine Wärme hatte noch niemand verspürt, denn sie kommt von innen, nur er konnte sie fühlen, sie empfinden. Er konnte sie aber weitergeben, indem er ihnen Liebe und Schutz gab, solange sie es brauchten."

Meine Augenlieder wurden immer schwerer, inzwischen war die Sonne aufgegangen und von draußen hörte man das leise Schwappen der Wellen. Die Aufregung nagte an mir, ich konnte nur mehr schwer schlucken. Ich hatte das Gefühl, mich übergeben zu müssen, doch dafür war keine Zeit. Das letzte Spiel. Ich und die zwei Anderen setzten uns wieder hin und in meinem Blickwinkel sah ich, wie sich meine Mutter auf dem harten Zeltboden hinlegte. Sie zog meinen Bruder in ihre Arme und legte ihre einzige Decke auf ihn.

Der deutsche Kaufmann schwindelte einmal, ich erwischte ihn. Er ging laut fluchend davon und legte sich neben seinen Freunden auf seinen Schlafsack. Nun saßen ich und die Frau uns gegenüber, sie hatte zwei Karten in der Hand, ich nur eine. Wer beim Schwindeln erwischt wurde hatte verloren. Der König in meiner Hand lächelte mich ermutigend an, vielleicht hatte ich mir das aber einfach nur eingebildet.

Die Frau durfte entscheiden, mit welcher Karte sie begann. Bitte der Ober, bitte der Ober. Ich weiß nicht zu wem ich gebetet hatte, aber er hat mich erhört. „Ober." Ich unterdrückte einen Freudenschrei und platzierte meine Karte auf dem Stapel. Ich konnte meine Gefühle nicht mehr Unterdrücken, ich lächelte genauso glücklich wie der blinde Mann. „König", flüsterte ich.

Sie dachte angestrengt nach. Schließlich murmelte sie nachdenklich: „Schwindel." Die Spielleiterin hob die Karte. Ich hatte gewonnen. Ich nahm die zwei Schiffskarten und wollte zu meiner Mutter rennen, aber irgendetwas stoppte mich. Plötzlich fühlte ich die Decke auf meinem Rücken und blickte auf den blinden Mann herab. „Gut gespielt, Kleine. Viel Spaß in Amerika!" Kein Anzeichen von Eifersucht, nur Freude und Glück. Ich schluckte. Meine Familie wurde hier gut versorgt und sie hatten einander. Ursprünglich plante ich, die Karten meiner Mutter und meinem Bruder zu geben, sie hätten es viel nötiger als ich. Mein Blick wanderte von meiner schlafenden Familie zu dem Blinden und wieder zurück. Ich musste ihn fragen. „Wollen sie nicht mitkommen?"

Er wollte. Viel mehr als alles andere in seinem ganzen Leben. Er nahm einen kleinen Rucksack, in dem sein ganzer Besitz war, und stellte sich vor den Zelteingang. Er lächelte nicht mehr, etwas anderes spielte sich auf seinem Gesicht ab. Ich nahm meine Zeitung und ein paar Kleidungsstücke, danach ging ich entschlossen zum Ausgang. Ich blieb neben meiner Mutter stehen. Sie rückte unruhig rundherum und hatte Gänsehaut. Ihr Gesicht war grau und eingefallen, ihre blauen Lippen trocken. Ich nahm die Decke von meinem Rücken und legte sie sanft auf ihren Körper. Sie entspannte sich sofort und ein kleines Lächeln breitete sich auf ihrem müden Gesicht aus. So entspannt hatte ich sie seit Tagen nicht mehr gesehen. Ich drückte ihr einen Kuss auf die Stirn und verließ das Zelt.

„Wohin gehst du?", fragte mein Bruder leise, aber noch laut genug, sodass ich es hören konnte.

„Nach Südamerika", flüsterte ich zurück. Ins warme, sichere Südamerika.

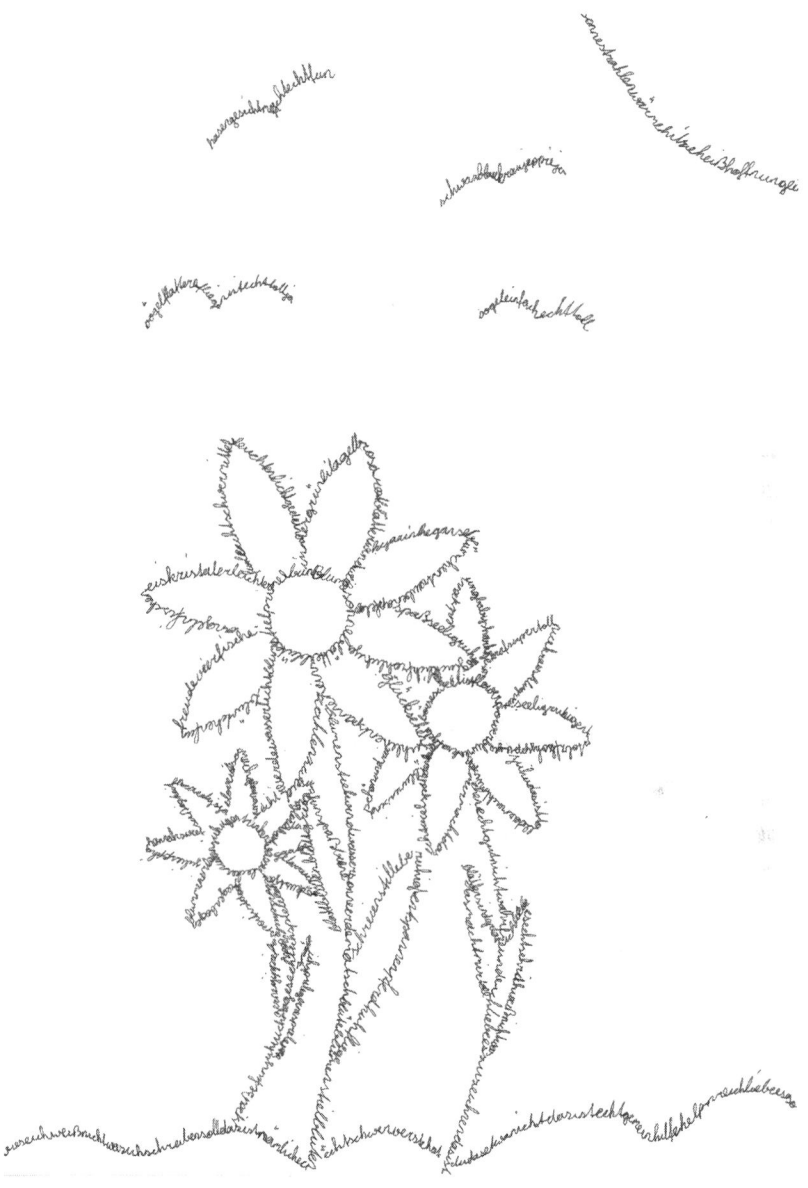

Gloria Stamm, 10 Jahre

Die andere Welt

Ich lade ein paar Freunde zu mir ein, um einen gemütlichen Abend mit ihnen zu verbringen. Wir lachen minütlich. Josef nahm ein Spiel mit – „Habt ihr Lust es mit mir auszuprobieren?"

„Ja, wieso nicht", meinten wir einstimmig. Nach langen Hin und Her, wie man es spielt und wer was machen muss, ging es los. Ich war schon etwas genervt und nahm mir kurzerhand einfach die erste Karte – es war magisch, ich befand mich in einer Art anderen Welt. Alles war bunt und „Hey, was soll das, alles okay bei dir?", schrien meine Freunde. Ich wollte diese Welt etwas länger erkunden, doch so schnell wie sie kam, war sie auch schon wieder weg. „Jaja alles okay", meinte ich zu meinem Besuch, „ich war nur in Gedanken, tut mir leid!" Bei mir war natürlich nicht alles in Ordnung, ich war verwirrt und fasziniert zugleich.

Jeder nahm, nach der Reihe, seine Karte – aber jeder las sie nur vor, außer ich, denn sobald ich die Karte in der Hand hatte, war ich in der anderen Welt. Ich sagte meinem Besuch, dass ich noch was zu erledigen hätte und lud sie somit höflich aus. Ich erfand schnell eine unsinnige Ausrede, wieso Josef das Spiel dalassen solle, und schon war ich allein damit.

Die Karten lagen am Tisch, ich setze mich und betrachtete sie lange. „Was für ein Unsinn", dachte ich mir, „das war sicher alles nur Einbildung." Doch trotzdem nahm ich wieder eine davon in die Hand, es passierte allerdings nichts. Wütend schlug ich auf den Tisch, „Das gibt's doch nicht, wieso passiert nichts?!"

Da erschien eine Art Geist vor mir und flüsterte: „Nichts funktioniert, wenn man nicht daran glaubt…" Antworten, geschweige denn eine Frage an ihn stellen, war unmöglich. – Denn schneller als er gekommen war, war er auch schon wieder weg. Ich ging zu Bett, konnte allerdings nicht aufhören über die Worte des Geistes nachzudenken: „Nichts funktioniert, wenn man nicht daran glaubt." Vielleicht hatte er recht, doch was hat das mit der anderen Welt zu tun – meint er damit, ich hätte sie nicht verdient, weil ich dachte alles wäre nur Einbildung? Tausende und Abertausende Gedanken schwirrten in meinem Kopf, an Schlafen war diese Nacht nicht zu denken.

Kurz bevor ich meine Augen schloss, kam der Geist wieder. „Ich glaube, du hast meine Nachricht nicht ganz verstanden. Was ich damit sagen wollte, ist, dass nichts funktionieren kann, wenn du nicht dahinterstehst. Wenn du nicht an etwas glaubst, wird es auch nie in Erfüllung gehen. Nur wenn du fest an deinen Wunsch glaubst, kann er wahr werden. Doch wenn du dich über ihn lustig machst oder nur so tust, als würdest du an ihn glauben, wird er auch niemals ernsthaft geschehen!"

Ich warf abwechselnd einen Blick auf die Spielkarten, einen auf den Geist. „Und woher weiß ich, dass ich wirklich daran glaube", fragte ich.

„Ich verspreche dir, dass du es spüren wirst! Und nun muss ich gehen, gute Nacht!", antwortete er mir.

Am nächsten Morgen berichtete ich Josef davon, was ich mit seinem Spiel erlebte, er lachte mich aus. Doch tief im Inneren wusste ich, dass es diese andere Welt gab, man muss nur daran glauben.

Felix Langer
15 Jahre

3. Preis
Jahrgänge 2006-2008

Ein schwerer Kampf

Von Angesicht zu Angesicht saßen wir da. Man konnte förmlich die dicke Luft zwischen uns beiden spüren. Mein Gegenüber war männlich, circa vierzig Jahre alt und sicher zehn Zentimeter größer als ich. Brutal sah er aus, ich hingegen war im Vergleich zu ihm zart, wie eine Maus. Wie der Kampf ausgehen würde, konnte ich zu diesem Zeitpunkt noch nicht feststellen, doch wenn ich klüger war als er, hatte ich gute Chancen zu gewinnen.

Es war keine Angst, die ich verspürte, als sein erster Schlag kam, sondern Respekt. Anscheinend war ich nicht der einzige Ungewöhnliche hier in dem Raum, doch während ich ihm in seine dunklen, braunen Augen starrte, um zu verstehen, was in ihm vorging, erinnerte ich mich zurück, wie ich hierherkam.

Bevor wir beide uns getroffen hatten, war ich fest der Annahme gewesen, dass ich der intelligenteste Junge in der Schule war. Vielleicht konnten ein paar Mädchen mit mir mithalten, aber auch das wagte ich zu bezweifeln. Schon damals hatte ich jeden Schritt verstanden, den mein Mathematikprofessor der Klasse erklärte, damit wir verstünden, wie er auf die Lösung des jeweiligen Beispiels kam. Viele verstanden es nicht und ich konnte mir nie erklären wieso. Heute wusste ich, dass es daran lag, dass ich schon immer einen viel höheren IQ als meine Mitschüler und Mitschülerinnen hatte. Trotzdem wurde ich häufig von ihnen gemobbt, doch meine Eltern sagten in den Momenten meines Frusts immer zu mir: „Glaube fest an dich, denn eines Tages wirst du Großes vollbringen." Ob sie damit jemals Recht haben würden, hätte ich zu diesem Zeitpunkt nicht gedacht, doch ich beabsichtigte, sie nie zu enttäuschen. Seitdem arbeitete ich an mir.

Jeden Tag trainierte ich härter als die meisten Jugendlichen in meinem Alter. Viele verschiedene Übungen, doch eine schwerer als die andere. Nach und nach nahmen viele Leute in meinem Umfeld wahr, dass ich vielleicht doch nicht so ein schlechter Mensch war, den man einfach mobben konnte. Langsam wurde ihnen sogar bewusst, dass ich womöglich besser als sie wäre. So gewann ich Ansehen und Respekt, denn meine Mitmenschen waren von meinen Fähigkeiten und meiner Motivation schwer beeindruckt. Für mich wurde es immer anstrengender mein Ansehen zu wahren, da viele Leute fortan gegen mich antreten wollten. Duelle entstanden, und anfangs trat ich immer als Gewinner hervor. Später waren häufig meine Gegner besser als ich und so begann ich noch härter zu trainieren und das mit Erfolg. Von da an gewann ich jedes Duell und jeden Wettbewerb. Die Leute wurden auf mich aufmerksam und eines Tages wurde ich am späten Nachmittag von einem Mann angerufen. Dieser sagte, dass ich von ihm zu einem wichtigen Duell eingeladen wurde, welches in zwei Monaten stattfinden würde. Um aber daran teilnehmen zu können, musste ich noch viel mehr als zuvor trainieren. Dann, nach zwei Monaten, war es endlich so weit.

Der Mann vor mir machte den Eindruck, als könnte und wollte er es mit jedem aufnehmen, der es wagte, ihm gegenüberzutreten und ihm in die Augen zu schauen. Dieses Gefühl der Unsicherheit vermittelte er mir aber nicht durch seine gruseligen Tätowierungen, oder durch seinen spitzen Schnauzer, oder durch die Lederjacke, die er trug. All das ließ ihn wie einen Biker aussehen, gefährlich und brutal, doch die Angst, die ich verspürte, entstand vielmehr dadurch, dass ich ihm genau in die Augen schaute. Oft kann man in den Augen anderer erkennen, was ihr nächster Zug sein würde, doch bei ihm war dies schier unmöglich festzustellen. Bei jedem Versuch sein Pokerface zu deuten, scheiterte ich. Nur seine Siegessicherheit konnte ich mit Leichtigkeit feststellen.

Stille. Nervosität meinerseits. Ruhiges Atmen von meinem Gegenüber. Konzentration. Dann ein Angriff. Seine Attacke war gut geplant und so gelang es ihm mir einen ersten schweren Schlag zu versetzen. Davon würde ich mich nicht so schnell erholen können, aber ich setzte direkt zur Gegenwehr an. Mein Gegenangriff lief nicht so erfolgreich und schon schlug er erneut zu. Immer mehr verheerende Schläge folgten aufeinander und so musste ich nach und nach defensiver als offensiver agieren.

Das Schlimmste waren aber nicht seine Schläge, sondern seine Art zu kämpfen. Jeder hatte eine logische Strategie, doch seine zu entschlüsseln wollte mir nicht gelingen, und das bereitete mir Sorgen. Es war wie damals im Jahr 1941, der Kampf zwischen Deutschland gegen die Sowjetunion. Adolf Hitler fiel damals unerwartet in Russland ein. Anfangs lief es für ihn einigermaßen gut, denn sein Plan wurde nicht entschlüsselt, doch dann nahm der Krieg eine verheerende Wendung gegen Deutschland. Die russischen Soldaten machten in der eisigen Landschaft des Nordens der deutschen Armee den Garaus. Ich konnte nur darauf hoffen, dass diese Wendung auch in diesem Kampf eintreten würde. Irgendwann würde auch er einen Fehler begehen und mich unterschätzen, so wie Adolf Hitler Russland unterschätzt hatte. Aufgeben war keine Option und Verlieren auch nicht.

Der Kampf war heftig, doch ich bemerkte erst nach einiger Zeit, dass mein Feind einen verheerenden Fehler gemacht hatte. Bei keinem seiner Angriffe war seine rechte Seite gedeckt. In meinem Kopf begann es erneut zu rattern, während ich weitere Niederlagen einstecken musste. Dann plötzlich, wie aus dem Nichts, sah ich alles klar und deutlich vor mir. Seine Strategie, seine Siege und seine Fehler. Wie Sherlock Holmes ordnete ich meine Gedanken und brachte sie sorgfältig in die richtige

Reihenfolge. Nachdem ich meine Gedankengänge nun sortiert hatte, wusste ich, was ich zu tun hatte. Mein erster Schlag fiel. Dieser hatte keine schweren Auswirkungen, doch lenkte den Gegner einigermaßen ab. Die Ablenkung reichte, um mich weiter vorzukämpfen. Kleine, aber schwere Schritte. Wie Zahnräder, die langsam den Zeiger einer Uhr um ein kleines Stückchen weiterbrachten, wie wenn man es geschafft hatte, die ersten beiden Puzzleteile eines 10.000 Teile-Puzzles zusammenzustecken und wie wenn man das erste von vielen Rätseln bei einer Schnitzeljagd gelöst hatte. All diese Dinge brachten einen immer näher an das endgültige Ziel heran. Schlussendlich sah ich es vor mir, der Sieg war zum Greifen nahe.

„Schach!", mehr brauchte ich nicht zu sagen, und mein Feind erkannte, dass er verloren hatte. Für ihn gab es keine Chancen mehr aus dieser Zwickmühle herauszukommen. In letzter Not versuchte er noch einen verzweifelten Gegenangriff, doch vergeblich. Sein König war jetzt ungedeckt und das bedeutete für mich den Sieg. Bettelnd und flehend schaute er mir in die Augen, wie ein kleines verängstigtes Kalb, das in diesem Moment begriffen hatte, dass es ohne die Gnade seines Besitzers nicht mehr lebendig aus dem Stall des Schlachters entkommen würde. Fast tat er mir schon leid, doch von mir kam nur ein leises: „Schachmatt!"

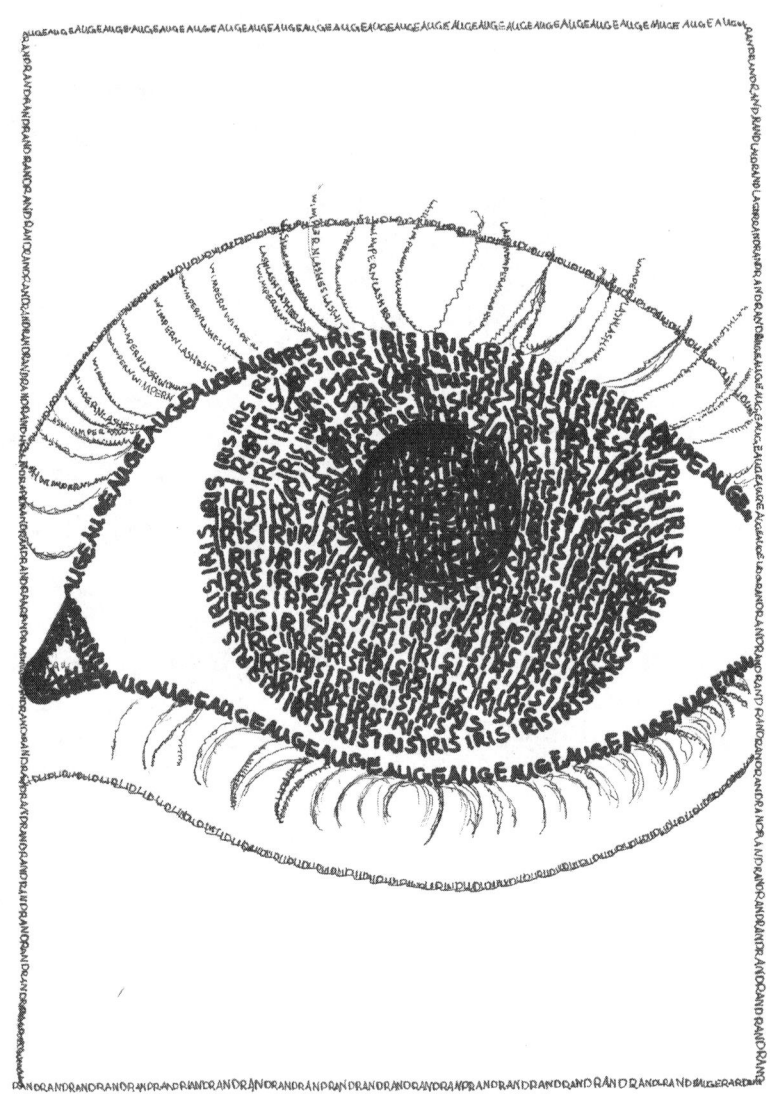

Hana Todorovic, 11 Jahre

84

Catelyn Knödler
16 Jahre

Memory

Als die langen Hände des Frostes über den Boden streiften, sich die Kälte mit einem zierlichen Windhauch über die Köpfe der Menschheit legte, kam ich. Der Panther. Der geschmeidige Läufer. Der Jäger der Gedanken. Der böse Mitspieler? Ich weiß nicht, wahrscheinlich würden mich manche Menschen so bezeichnen. Abtrünnig. Irreführend. Aber nur wenn ich verliere, wenn ich aber gewinne, dann nicht.

Doch nun fand ich wieder einen Menschen, der sich unterworfen hatte. Und während ich in das Bewusstsein dieses Menschen ging, suchte ich nach den Schwächen, die ich gemächlich mit einem tiefen Atemzug aufzog.

Sie saß dort - auf der Fensterbank und blickte hinaus. Hier und dort blühten Eisblumen, die ihre Köpfchen aus der Schneedecke ragten, hilfesuchend, um nicht in den Massen des Schnees zu ertrinken. Sie fragte sich, ob sie hinausrennen sollte, um dann mit einem befreienden Sprung in den Schnee zu springen. Zu gefährlich. Niemand ist da. Niemand kann mir helfen. Niemand, um mich zu verteidigen. Ich bin allein, bleib drinnen. Die Gedanken plagten sie förmlich. Sie wollte raus, aber sie konnte nicht. Sie wollte sich befreien, aber sie ließ es doch nicht zu. Es war wie diese eine verzwickte Situation, als würde jemand vor ihr stehen, mit einem riesengroßen Muffin, den sie aber nicht bekommen konnte. Früher hatte sie immer noch „Ice Age" geschaut, mit diesem Scrat, welches versuchte, eine Nuss zu bekommen. Jetzt schaute sie es nicht mehr. Sie war wie dieser Scrat und überhaupt machte sie es traurig. Sie hatte es früher vor dem Ereignis immer angeschaut. Jetzt las sie nur noch Zeitung, um zu überprüfen, dass keine Gefahr in ihrer Umgebung lauerte.

Diese junge Frau weckte meine Instinkte. Es war sinnlos weiterhin in diesen Gedanken zu spazieren, denn ich merkte deutlich, dass dieser Gegenspieler von ihr nicht einfach so zu besiegen war. Ihre Kraft war dazu einfach zu gering. Also begann ich an Gestalt anzunehmen, wanderte in ihr Bewusstsein, versuchte ihre Sprechfrequenz zu erlangen und packte Memorykarten aus.

„Hallo, du", begann ich und legte meinen Kopf auf meine Pfoten. „Hörst du mich?"

Die junge Frau drehte sich zu mir herum, ihre Augen vor Schreck geöffnet, und flüsterte heiser: „Ich…ja, aber, du redest."

Ich begann zu schnurren und stand mit einem großen Schwung auf. „Natürlich." Die junge Frau schüttelte schwach den Kopf und zuckte nur die Schultern. Das machte mich traurig. Diese Lustlosigkeit. Also zögerte ich nicht lange und meinte: „Lass uns Memory spielen. Hier, ich habe Karten mitgenommen. Sie sind extra auf dich maßgeschneidert. Wir wollen ja gewinnen!", erwiderte ich aufmunternd. An dieser Stelle sind die meisten Menschen vor ihr entweder vor Angst weggerannt oder haben die Karten wütend aus den Gedanken gefegt.

Sie machte nichts dergleichen. Sie blickte auf die Karten und murmelte: „Ich hab' Memory früher immer als Kind gespielt, vor…vor dem Ereignis. Es war schön. Jetzt spiele ich mit dir auch. Hab ja nichts zu verlieren." Ach, wenn sie wüsste, es war ihre letzte Chance aus ihrem Zustand ohne jegliche Schäden zu kommen, deswegen hatte sie sehr wohl etwas zu verlieren. Aber gut, sie wird schon sehen.

„Du darfst beginnen, meine Liebe. Nur zu, drehe die erste Karte um."

Schwarz, Leere, nichts. „Soll das ein Witz sein?", fragte die junge Frau und rollte mühsam die Augen.

„Aber, aber. Sicher nicht. Drehe die nächste Karte um", sagte ich und meine Ohren spitzten sich.

Sie drehte noch eine Karte um. Und wieder: Schwarz, Leere, nichts. „Ich habe ein Paar", sagte sie zögernd, und ich schüttelte nur den Kopf.

Die Dunkelheit dieser Karte nahm zu und bevor sich der Zugang zu ihren Gedanken noch weiter schloss, meinte ich: „Meine Liebe, so funktioniert dieses Spiel nicht. Nicht in diesem Bewusstsein. Es gelten nur meine Regeln. Memory heißt Erinnerung. Du muss dich erinnern, an dieses Ereignis. Sonst wird das nichts. Du wirst verlieren. Streng dich an!"

„Ich will nicht", rief sie angsterfüllt.

„Du musst. Du kannst dich nicht gegen dich selbst wehren, also brauchst du jemanden, der dir hilft. Hier bin ich. Ich klinge wie du, ich denke wie du und doch bin ich nicht du. Ich bin dein Mitspieler. Ich leite dich an. Drehe eine Karte um und stelle dir einen winzigen Teil des Ereignisses vor. Und so machst du weiter." Sie begann zu zittern und ich fuhr dennoch fort: „Verdrängen bringt nichts. Spielen hilft."

Sie atmete langsam ein und aus. Ich beobachtete sie. Ich merkte, wie viel Anstrengung es sie kostete die erste Karte umzudrehen. Ihre Hände zitterten, ich bemerkte Narben. Langsam konnte ich ein Haus sehen und eine dunkle Garage.

„Du bist an der Reihe", sagte sie schweratmend und deutete auf die Karten.

„Nun, gut. Aber denke daran, du musst dir alles weiterhin vorstellen. Ich finde nur die richtigen Karten." Ich sah einen hohen Stuhl und ein kurzes, breites Seil. „Gut gemacht", ermunterte ich sie leise und selbst meine Stimme bebte bei diesen Bildern.

Die Schweißtropfen an ihrer Stirn bildeten sich weiter. Tropfen für Tropfen. Aber sie drehte trotzdem noch weitere Karten um. Ein Mann, eine Hand. Ein Polizeiwagen, ein Krankenwagen. Und dann war Schluss. Sie musste sich nicht an mehr erinnern. Es reichte schon aus. Sie sagte: „Es tut weh."

Ich sagte: „Das sollte es auch. Das Spiel ist vorbei."

Ich spürte eine Welle von Erleichterung und sie fragte: „Wer bist du wirklich? Das alles hier fühlt sich an wie ein Traum. Ich, ich möchte daraus nicht erwachen. Ich möchte nicht wieder diese Stimme hören, die sagt, dass ich mich von dem Rest des gefährlichen Lebens abschotten soll. Aber diese Stimme von dir, Panther, sie klingt so mächtig. So wie ich, nur selbstbewusst."

Mit diesen Worten schloss ich zitternd meine gelben Augen und legte wieder den Kopf auf meine Pfoten. „Meine Liebe, das hier ist dein Bewusstsein. Du kannst die Stimme, den Gegenspieler, nur besiegen, indem du dich der Angst nach und nach stellst. Spielerisch. Die schrecklichen Taten dieser Welt können nicht mit Zwang bezwungen werden. Merk dir das. Am besten gewinnst du in diesem ewigen Spiel des Lebens, indem du ihm mit einem eigenen Spiel entgegentrittst. Merk dir das." So stand ich auf, blickte sie ein letztes Mal an und befreite mich aus ihrem Bewusstsein.

Als die Sonne die Eiskristalle auf dem Boden nach einer Weile glitzern ließ, konnte ich die junge Frau wieder am Fenster sitzen sehen. Es vergingen ein paar Sekunden. Sie raffte sich auf. Sie öffnete das Fenster, sprang hinaus in den Schnee und lächelte. Es war ein vorsichtiges Lächeln, welches die Vorzüge der Welt erst wieder langsam auskosten konnte. Aber es war ein vielversprechendes Lächeln, das der Welt im schlimmsten Fall standhalten sollte.

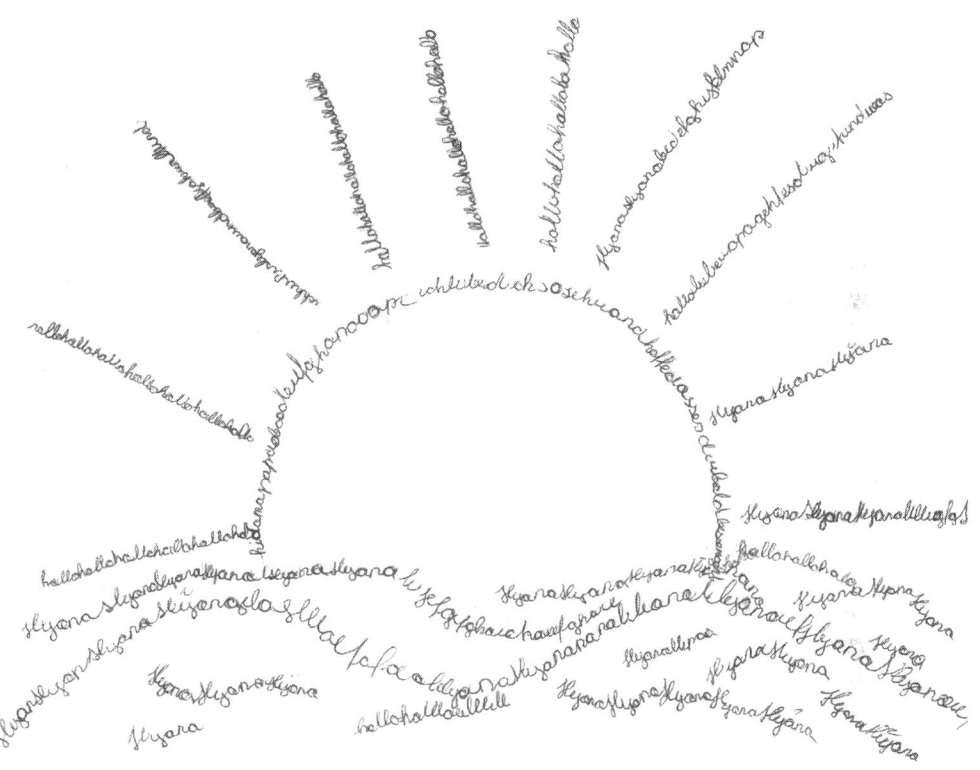

Iljana R. Schäffer, 11 Jahre

Julia Kocsinska
16 Jahre

2. Preis
Jahrgänge 2006-2008

Königsgambit

Schwarzweiß war unser Weg bemalt,
Kein funkelndes Licht, das im Augenwinkel erstrahlt.
Der weiße Mann eröffnet das Spiel,
Mit dem bedrückenden Gedanken er sähe niemals das Ziel.
Wer das Schicksal verrät muss sich im Klaren sein,
Das Blut wird fließen, er stirbt allein.
Die seltsamste Figur, geschnitzt aus Fichte,
Wie manipulativ und durchdacht sich das Spiel nach ihr richte.
Verendet sie, sind wir alle verdammt,
Doch ihre Zukunft hängt ab von des Gegners Hand.
Die Erde bebt, es ähnelt einem Orkan,
Schräg hinauf die weißen Felder,
Des majestätischen Kolosses Zug wurde getan.
Die Wege sind verschlossen,
Niemand findet hinaus.
Es ertönt ein "Schachmatt",
Das Spiel ist aus.

Anna Schraufek
14 Jahre   Jahrgänge 2006-2008

Doch nicht so harmlos

Der Montag begann wie jeder andere. Mein Wecker läutete,
ich wachte nur ungern auf und wälzte mich aus dem Bett. Müde
machte ich mich fertig für die Schule und verließ eine Stunde
später das Haus. Als ich nach einer weiteren guten halben Stunde Fahrt mit dem Bus endlich ankam, kam mir schon irgendetwas anders vor, aber ich wusste nicht genau, was es war. Meine
Freundinnen warteten schon ungeduldig auf mich, als ich dann
fünf Minuten vor Unterrichtsbeginn endlich in der Klasse war.
Es gab wie immer nach dem Wochenende viel zu bereden. Doch
an diesem Tag waren die Themen anders als sonst. Wir redeten
nicht über Schule, Familie und Jungs, sondern über irgendein
neues Spiel, das wir unbedingt ausprobieren mussten. Ich hatte
keine Ahnung um welches Spiel es sich handelte und was daran
so toll sein sollte, versuchte aber mich am Gespräch zu beteili-
gen. Doch als ich nach einer Weile nur noch Bahnhof verstand,
fragte ich schließlich, worum es eigentlich ging. Meine Freundinnen lachten kurz auf, zeigten mir aber dann einen neuen Post auf
Insta, indem stand, dass jede Klasse bei einem Spiel mitmachen
sollte, indem es darum geht, den Mörder eines Jungen, der in
der Schule ermordet wurde, zu finden. Dies wurde anscheinend
schon in mehreren Schulen ausprobiert und inszeniert und nun
war unsere an der Reihe. Ich fand die Idee eigentlich ziemlich
cool und verstand nun, warum alle so aufgeregt waren. Ich freu-
te mich jetzt auch schon total darauf, schließlich war es ja auch
nur ein Spiel, also nichts Ernstes (dachte ich zumindest). In dem
Post stand auch, dass dies alles ziemlich echt aussehen wird und
wir die Hinweise tatsächlich wie im wirklichen Leben suchen

und finden werden, jeder aber auch verdächtig wäre, da alle eine gewisse Rolle spielen würden.

Wir waren wirklich aufgeregt und konnten kaum erwarten, dass es endlich losging. Doch den ganzen Montag lang passierte nichts. Enttäuscht gingen wir alle nach der Schule nach Hause, in der Hoffnung, dass am nächsten Tag etwas passieren würde. Und das geschah auch. Am Dienstag war Markus, ein Schüler aus unserer Klasse, verschwunden. Er war nicht krank oder hatte einen Arzttermin, sondern wurde wirklich vermisst, dies bestätigten auch seine Eltern und ich war überrascht, dass auch Menschen außerhalb der Schule ins Spiel mit einbezogen wurden.

Nachdem wir alle mitbekommen hatten, dass das Spiel begonnen hatte, herrschte pures Chaos. Jeder rannte herum, auf der Suche nach Hinweisen oder Motiven, denn jeder war verdächtig. Ich selbst versuchte mich so gut wie möglich in die Rolle des Opfers und Mörders hineinzuversetzen, um herauszufinden was geschehen ist, doch ich fand nichts. Ich wusste aber auch nicht, ob jemand anderes etwas gefunden hatte, da man niemandem trauen konnte und niemand ein Wort mit den anderen gewechselt hatte. Es herrschte purer Konkurrenzkampf, jeder wollte den Mörder als Erstes finden. Anfangs fand ich das ja alles auch noch spannend und aufregend, aber nachdem das über eine Woche lang so weiterging und jeder den anderen ignorierte, zweifelte ich daran, dass dies überhaupt noch einen Sinn hätte. Außerdem war Markus auch wirklich nicht mehr aufgetaucht, was mir Sorgen bereitete, aber das gehörte wohl alles zum Spiel, also dachte ich nicht weiter darüber nach und suchte wieder nach Hinweisen. Nach einer halben Ewigkeit des Suchens und Herumrennens fiel mir auf, dass vermutlich noch niemand im Keller des Schulgebäudes gesucht hatte. Also machte ich mich in der Hoffnung, endlich etwas zu finden, auf den Weg nach unten. Ich ging die Treppen hinunter und tatsächlich: Auf den

Treppen waren Spuren von Kunstblut zu sehen, ich dachte zu diesem Zeitpunkt zumindest noch, dass es Kunstblut war.

Als ich unten angekommen war, war es stockfinster. Vorsichtig tastete ich die Wände nach einem Lichtschalter ab. Nach einer halben Ewigkeit des Tastens wurde ich endlich fündig. Aufgeregt drückte ich auf den Schalter und es wurde auf einmal strahlend hell. Ich blickte nach unten und mir wurde schlecht. Vor mir auf dem Boden lag blutverschmiert und leblos eine Gestalt. Bevor ich erkennen konnte, wer es war, wurde mir schwindlig und ich schwankte.

Als ich schließlich bemerkte, dass es Markus war, der da vor mir lag, schrie ich laut auf, mir wurde schwarz vor Augen und das letzte, was ich denken konnte war: „Das ist alles kein Spiel mehr!", dann fiel ich um.

Als ich aufwachte, lag ich in einem Zimmer. Es war kein vertrautes oder gewöhnliches Zimmer, nein, es war ein helles Zimmer, in dem es nach Desinfektionsmittel roch. Ich schaute mich um und bemerkte, dass neben mir eine Frau stand, die ich noch nie zuvor gesehen hatte. Ich konnte mir nicht erklären, wie ich hierhergekommen war und was überhaupt passiert ist.

Erst nachdem ich ein paar Worte mit der Fremden, wobei es sich, wie sich herausstellte, um eine Krankenschwester handelte, gewechselt hatte, fiel mir alles wieder ein und nach und nach bemerkte ich, dass ich im Krankenhaus lag. Bei dem Gedanken an den schrecklichen Anblick des leblosen Markus wurde mir wieder schlecht, aber ich versuchte diese Gedanken so gut wie möglich zu verdrängen. Eine Zeit lang lag ich regungslos im Bett, starrte auf die Decke und versuchte die Informationen zu verarbeiten. Irgendwie muss das Spiel aus dem Ruder gelaufen sein und vermutlich hat jemand es zu ernst genommen. Doch wer hatte ein Motiv Markus umbringen zu wollen? Aber weiter kam ich mit meinen Gedanken nicht, denn meine Eltern stürzten in das Zimmer und umarmten mich überglücklich. Sie erzählten mir, dass jemand meinen Schrei gehört hatte und gemeinsam mit ein paar Lehrern hinunter in den Keller gegangen war, um nachzusehen was los sei. Als sie mich dort ohnmächtig und Markus tot liegen sahen, verständigten sie sofort die Polizei und riefen einen Krankenwagen, der mich hierhergebracht hatte. Außerdem fragten sie mich, ob es in Ordnung wäre, wenn ein Polizist kommen und Fragen stellen würde und kurze Zeit später betrat der Beamte dann das Zimmer. Er fragte mich unterschiedliche Fragen, die ich zum Teil aber nicht beantworten konnte, da ich zu geschockt mit dem Anblick der Leiche war und deshalb nicht auf andere Details geachtet hatte. Ich erkundigte mich, ob schon irgendetwas über den Mörder bekannt war, doch der Polizist wusste auch nichts. Kurze Zeit später verließ er den Raum wieder und der Arzt erklärte mir, dass es keinen Grund gab mich hierzubehalten, da ich von bester Gesundheit war, und ließ mich deshalb gehen.

Zu Hause angekommen, konnte ich an nichts anderes mehr denken. Wer um alles in der Welt würde so etwas Schreckliches tun? Einige Tage vergingen und ich konnte mich nicht beruhigen, ich wollte wissen, was geschehen war. Deshalb las ich mir noch einmal den Insta Post durch und bemerkte, dass er von einem anonymen Nutzer erstellt worden war. Als ich sehen wollte, wer kommentiert hatte, sah ich, dass es überhaupt keine Kommentare gab. Aber es hieß doch, dass das Spiel schon in mehreren Schulen ausprobiert worden war. Konnte es sein, dass dies alles nur inszeniert wurde, um den Tod von Markus für einige Zeit zu verschleiern und der Post also vom Mörder stammt? Mit meinen Vermutungen machte ich mich auf den Weg zur nächsten Polizeistation, um den Beamten davon zu berichten.

Dort angekommen traf ich den Polizisten, der mich vor einigen Tagen befragt hatte und erzählte ihm alles. Er bedankte sich, meinte, er werde dem Nachgehen, würde sich bei mir melden, wenn er etwas herausgefunden hatte und schickte mich schließlich wieder nach Hause.

Tag für Tag wartete ich darauf, dass sich der Polizist bei mir melden würde, doch es geschah nichts. In der Schule herrschte eine fürchterliche Stimmung, jeder war niedergeschlagen und machte sich Vorwürfe, nichts bemerkt zu haben. Außerdem bemitleidete mich jeder, da ich die Leiche ja gesehen hatte und dies schrecklich war. Doch niemand rechnete damit, dass ein Mörder unter den Schülern war. Nur ich vermutete das und war deshalb sehr vorsichtig und misstrauisch, was den Umgang mit anderen betraf. Dieser Vorfall hatte mich verändert. Ich schottete mich von anderen ab, in der Angst selbst umgebracht zu werden.

Es fühlte sich wie eine halbe Ewigkeit an, waren aber doch nur zwei Wochen, als endlich der lang ersehnte Anruf des Polizisten kam. Sie konnten den Insta Account zurückverfolgen und fanden heraus, dass der Post von einem Laptop aus geschrieben wurde, der Adrian Heller, einem Schüler aus der Parallelklasse, gehörte. Der Beamte erklärte mir, dass sie Adrian schon festgenommen hatten und er sich jetzt in Untersuchungshaft befand. Ich hatte also nichts mehr zu befürchten. Ich war erleichtert endlich zu wissen wer es war, der Markus umgebracht hatte, aber gleichzeitig wurde mir schlecht. Wie konnte man so etwas nur tun? Das Motiv wusste der Polizist auch noch nicht, aber Adrian war kurz davor zu gestehen und dann würde es nicht mehr lange dauern, bis er den Grund für seine fürchterliche Tat preisgab. Also hieß es wieder warten.

Ich ging nun wieder nicht so misstrauisch zur Schule und versuchte zu vergessen, was geschehen war, doch es ging nicht. Mir ging nicht aus dem Kopf, dass jemand hier wirklich ermordet wurde. Umso schlimmer war es für mich, als ich das Motiv von Adrian erfuhr. Er hatte dies alles nur getan, weil er eifersüchtig auf Markus war. Er hatte ihm das Mädchen ausgespannt, in das er schon Jahre lang verliebt war. Das hatte ihn so fertig gemacht, dass er die Beherrschung verlor und ihn einfach umbrachte. Er erhoffte sich dadurch, dass das Mädchen Markus vergessen und zu ihm kommen würde.

Mich erschütterte zu hören, dass es so einfache Gründe gibt, warum Menschen morden. Dieser tragische Vorfall veränderte mich. Ich wurde stiller, misstrauischer und vorsichtiger. Mein Leben danach habe ich nun Angst davor, dass etwas, das Markus passiert ist, auch mir passieren würde. Seinen leblosen Körper blutverschmiert vor mir zu sehen, hat mich wirklich fertig gemacht. So gut es ging, habe ich versucht, es zu verdrängen und es hat auch eigentlich ganz gut funktioniert, aber so ganz werde ich dies wahrscheinlich nie loswerden. Manchmal in meinen Träumen verfolgt es mich immer noch. Deshalb wünsche ich jedem von euch, dass euch das nie passieren wird. Denn eines kann ich euch sagen: Ihr werdet euch nie gänzlich davon erholen.

Julie Wokurka, 11 Jahre

POKER GAME

Es war einmal ein Mädchen namens Rio. Sie war 14 Jahre alt und genauso wie ihr Name sagte, lebte sie mit ihrer Familie in Rio. Sie hatte gefärbte lila-blaue Haare mit weißen Spitzen, die sie hinten kurz geschnitten trug. Vorne hatte sie zwei Strähnen und oben waren die Haare auf ihrem Kopf wie zwei Bommel oder Katzenohren frisiert. Sie trug auch nicht die typischen Sachen wie Mädchen in ihrem Alter sie gerne tragen, sie trug lieber ein weißes langärmeliges Hemd mit einem ärmellosen schwarzen Sakko, eine schwarze Hose und dazu passende schwarze Schuhe. Doch das größte Merkmal waren ihre Augen, die rot-gold funkelten und die Ähnlichkeit eines Fuchses hatten, weshalb sie den Nicknamen „Fox" bekam, was sie nicht störte, weil sie im Gegensatz zu anderen Kindern nicht normal war: Sie hatte ein Computer-Gedächtnis und war schon zu jungen Zeiten ein listiger Fuchs, weshalb sie immer nach größeren Herausforderungen suchte. Als kleines Kind hatte sie sich mit Rätselspielen vergnügt, doch je älter sie wurde, umso mehr suchte sie nach einem echten Nervenkitzel, bis sie das Glücksspiel entdeckte.

Schon beim ersten Mal konnte sie sehen, dass sie dafür echtes Talent und damit mehrere Male gewonnen hatte. Ihrem Vater gefiel das Ganze nicht gerade. Glücksspiel ist gefährlich, ganz besonders, wenn man es bei den falschen Leuten tut. Doch sie machte sich nicht viel daraus, sie spielte weiter und wurde immer besser. Und an einem besonderen Abend wurde es richtig aufregend. An diesem Abend ging sie in das berühmte Rio Las Vegas Hotel, das von Ivan geführt wird. Er war der reichste Mann in ganz Rio und seine Clubs waren die beliebtesten. Ein guter Ort, um ordentlich Geld zu verdienen oder zu verlieren.

Sie trat ein und wurde sofort von der Atmosphäre eingesogen. Hier fühlte sie sich zuhause, hier konnte sie ihre Fähigkeiten richtig zur Geltung bringen und das tat sie jetzt. Bei jedem Poker-, Karten- und Billardspiel hatte sie mit Leichtigkeit gewonnen. Währenddessen hatten sich auch viele Leute um sie geschart. Jeder wollte sehen, wer es war, der die besten Spieler des Clubs mit Leichtigkeit besiegte. Dann kam plötzlich ein neuer Gegner. Sein Name war Michael. Er sah aus wie Anfang Zwanzig, leicht gebräunt, hatte braune Haare und blaue Augen. Mit einem spöttischen und selbstsicheren Grinsen kam er herüber und sprach: „Ich muss schon zugeben, du bist ziemlich gut für jemanden, der aus den Slums kommt. Doch leider endet mit mir dein Glück."

Für ein paar Sekunden schaute sie ihn an und überlegte, ob sie einfach an ihm vorbeimarschieren sollte, doch es störte sie, wie der Kerl sprach. Ihr war es egal, von woher sie kommt, doch dass er so auf sie herabsah, nervte sie schon ein wenig.

„Klingt aufregend", sagte sie. Er lächelte bedrohlich. Heute hatte sich dieser Michael den Falschen ausgesucht.

„Das Spiel geht so: es werden 50 Karten auf den Tisch gelegt und jede Karte besitzt einen Partner und einen Wert. Doch es gibt noch eine Karte - den „Joker" - wer den bekommt, muss zwei Runden aussetzen. Weil du ja bisher noch nie gegen einen Profi gespielt hast, erlaube ich dir den Vortritt."

Er legte die Karten auf den Tisch, die alle mit fast demselben Muster verziert waren. Rio begann zuerst und bekam 500$. Sie deckte noch zwei Karten auf, doch die waren kein Paar, also war Michael dran. Er deckte zwei Karten auf und bekam 1.000$, das nächste Paar war 20.000$ und so weiter. Am Ende hatte er mehr als die Hälfte aller Karten.

„Ich denke, es ist wohl klar, wer gewonnen hat", sagte er mit einem dämlichen Grinsen im Gesicht.

„Können wir noch eine Runde spielen? Ich war nicht ganz bei der Sache", bat Rio. Er sah sie mit einem spöttischen Blick an und willigte ein. Was er nicht wusste war, dass sich die Zahnräder in ihrem Kopf schon drehten und das Adrenalin durch ihren Köper schoss. Jetzt wurde es lustig. Sie legten die Karten neu an und spielten erneut. Diesmal aber hielt sie sich nicht zurück. Jedes Paar deckte sie ohne Fehler auf und der Kerl, der sich vorhin noch in seiner Arroganz gesonnt hatte, wurde auf einmal richtig nervös.

„Weißt du, bei all dem Trubel ist mir was Seltsames aufgefallen", fing sie plötzlich an. „Alle Karten in diesem Casino sind gleich, es besteht kein einziger Unterschied zwischen ihnen, doch die Karten, die wir hier gerade benutzen sind ein bisschen anders. Wenn man genau hinsieht, merkt man, dass zwei Karten immer dasselbe Muster haben, unauffällig genug, so dass niemand es merkt, doch für jemanden, der geübt darin ist, sollte es nicht schwierig sein, die versteckten Merkmale zu erkennen. Ich muss aber schon zugeben, dass es schwer gewesen sein musste diesen Trick zu lernen, das muss ich Ihnen schon sehr hoch anrechnen."

Michael war alle Farbe aus dem Gesicht gewichen und er brach in kalten Schweiß aus, doch nicht nur das. Während sie sprach, sammelten sich immer mehr Leute um den Tisch, keiner wollte sich dieses kleine Spektakel entgehen lassen.

„Also wollen wir mal sehen, ob meine Theorie stimmt." Sie zog ein Paar und bekam 100$, sie deckte noch ein Paar auf und bekam diesmal 50.000$. Ihrem Gegner war die Angst ins Gesicht geschrieben.

Wenn das so weiter geht, wird mir der Boss die Hölle heiß machen, wie kann das nur passieren? Diesen Trick habe ich selbst entwickelt und ich habe damit viele hinters Licht geführt. Also wie konnte diese elende Göre ihn aufdecken? Seine Gedanken rasten, während Rio jede Karte aufdeckte und dabei die Ruhe selbst war und sich immer mehr in ihrem Element befand.

„He, also hör mal zu, dir ist schon klar, dass dieser Club nur für Leute mit hohem Standard ist. Eine wie du hat hier nichts zu suchen."

Zum ersten Mal als das Spiel begonnen hatte, sah sie ihm in die Augen und was er sah, würde er nie in seinem Leben vergessen: Vor ihm stand nicht mehr das naive, kleine Mädchen, das er vor kurzem herausgefordert hatte. Die Person, die vor ihm stand, hatte die Augen zu Schlitzen geformt. Sie sah aus wie ein Fuchs, der seine Beute belauert. Sie sprach zu ihm in einem abschätzigen Tonfall:

"Wovon redest du jetzt? Ich meine ja nur, weil du mich doch zu diesem Spiel herausgefordert hast und jetzt, da du verlierst, willst du deinen Kopf einfach so aus der Schlinge ziehen, ganz bestimmt nicht bei mir." Sie deckte die letzten Karten auf und hatte somit das ganze Spiel gewonnen, wobei sie wohl mehr als 1,2 Millionen Dollar gewonnen hatte.

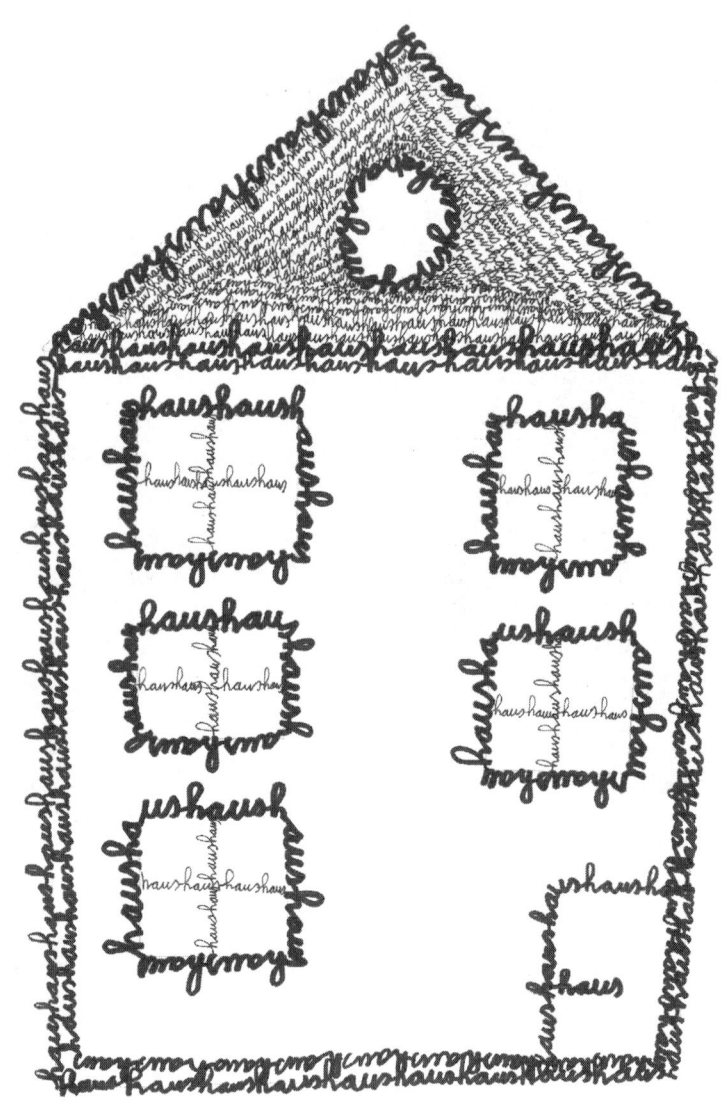

Kim Gayduk, 10 Jahre

Der Todesschütze

Es war ein kalter, winterlicher Morgen, als Sammy und Luisa ihre schwarzen Mäntel anzogen, passend zu ihrem restlichen dunklen Gewand. Seit letztem Dienstag war alles anders. Es war etwas Schreckliches passiert. Keiner der beiden Freunde und Kollegen schien ausgeschlafen - das ließen nicht nur die Augenringe zu urteilen übrig - der Schock über die letzten Ereignisse stand ihnen ins Gesicht geschrieben. Ihr Polizeichef wurde auf dem Weg zur Arbeit ermordet und in einem Park aufgefunden. Die Täter waren immer noch auf freiem Fuße. Seither verging kein Tag, an dem die zwei erfahrenen Polizisten nicht versucht hatten, dem Mörder auf die Schliche zu kommen. Doch es war ein nahezu perfekter Mord gewesen - einen perfekten Mord gibt es als Einzelverbrecher nie, so wussten es die erfahrenen Oberkommissare - die Täter hatten an alles gedacht und die Spuren verschwinden lassen. Dadurch waren sich die Detektive sicher, dass es ein Mord nach Kollektiv war. Zwar hatte einer das Scharfschützengewehr genommen, die Patronen eingelegt und den tödlichen Schuss abgegeben, aber geplant und gewollt hatten es mehrere. Und sie mussten von Fach gewesen sein, sich ausgekannt haben, wie Polizeiarbeit funktioniert, denn solch ein präziser Schuss und die Pingeligkeit beim Spuren verwischen, das Wissen, wonach die Polizisten später suchen würden, das war von einem Laien nicht erwartbar.

Erneut trafen sich die beiden langjährigen Ermittler zum Frühstück in einem Café um die Ecke und tranken einen Latte Macchiato zu einem Stück warmen, duftenden und eigentlich schmackhaften Apfelstrudel. Diesmal mussten sie sich jedoch zum Essen zwingen. Die Trauer machte sie appetitlos. Von dort machten sie sich auf den Weg zur Dienststelle, drehten ihren Computer auf und… STILLE.

Wie die letzten paar Tage und nun nie wieder, sagte ihnen ihr Chef und guter Freund nicht „Guten Morgen, wie geht es euch? Heute wird sicherlich ein erfolgreicher Tag, an dem wir die Welt zu einem besseren Ort machen werden! Also auf, auf, lasst uns keine Zeit verlieren!" Er hat sie immer merken lassen, wie viel sie ihm bedeuteten.

Nun gab es einen neuen, unsympathischen Boss. Einer, der keine Sekunde damit verlor, sein Team zu grüßen und einer, dem sein Gehalt wichtiger war als die Menschen und die Einsätze selbst. Er war nur eingestellt worden, weil seine Eltern etwas in der Politik zu sagen hatten, da waren sie sich sicher. „Mach dir nichts daraus, Luisa. Er wird niemals wie unser Chef Otto werden. Aber wir haben uns." Sie nickte nur. Sammy merkte, dass sie den Tränen nahestand und umarmte sie mit einem warmen, aufmunternden Lächeln.

„Es wird alles gut werden." Doch er wusste, dass erst wieder Ruhe einkehren würde, wenn die Täter geschnappt wurden und der Neuling namens Ferdinand Peufler gefeuert war.

„Wir sind hier nicht zum Umarmen! Es wartet Schreibarbeit auf euch, oder glaubt ihr euer Gehalt wird euch geschenkt!?", schrie sie genau dieser unbarmherzig an. Schnell lösten sich die beiden und drehten sich zu ihren Schreibtischen. Luisa wollte zuerst Einspruch gegen diese freche Aussage erheben, doch ihr fehlte die Kraft und Lust dazu, sich mit jemanden zu streiten, der nicht ihresgleichen war, der nicht dieselben Werte teilte. Es überraschte die zwei kaum, als kein geringerer als Robert Sechel, der Kommissar, mit dem sie schon immer uneins waren, an der Seite des Neuen stolzierte.

„Was denkt der sich, wer er ist!? Erst vor ein paar Tagen ist Otto, noch dazu sein Cousin, gestorben und es lässt ihn völlig kalt!", flüsterte Sammy scharf. Dann öffneten Luisa und er die Akte, die sie bereits die letzten Tage durchgehend studiert hatten. Sie hieß trocken „Mord an Polizeikommissar", nicht etwa: „Langjähriger Polizeichef und Freund wurde aus seinem Leben gerissen, Familie und Freunde trauern."

„Was haben wir übersehen, Sammy? Wir müssen noch einmal zum Tatort fahren."

„Ich weiß es nicht, Luisa, ich weiß es nicht. Komm', fahren wir los."

„Stopp, wohin des Weges?", fragte sie der Neue.

„In den Park! Wir sind es Otto schuldig, nicht aufzugeben."

„Nein, das ist Zeitverschwendung! In mein Büro mit euch!" Die drei marschierten in Richtung Ottos ehemaliges Arbeitszimmer, da sah Sammy durch das Fenster Robert Sechel, der gemütlich am Lieblingssofa – es hatte einen warmen, hellbraunen Farbton mit weichen Polstern – des Ermordeten lag.

„Hereinspaziert! Hereinspaziert!", rief der etwa 1,80 Meter und damit mindestens um einen Kopf größere Mann.

„Was wollen Sie von uns?"

„Ihr zwei habt euch da in etwas verrannt. Ich kann ja den Schmerz verstehen, aber es gab damals wie heute keine Spuren, keine Zeugen und damit nichts, das vor Gericht standhalten würde!" In seinen Worten schwang nicht der Hauch eines Mitgefühls oder gar Trauer mit. Sechel war kaltherzig, arrogant und widerlich. Kein Wunder, dass Otto außerhalb des Büros keinen Kontakt mit ihm pflegte.

„Sie können doch nicht einfach den oder die Mörder laufen lassen!", schrie Sammy.

„Nein, ich nicht. Aber Ferdinand, euer Chef kann es! Dieser Fall wird nicht mehr länger behandelt, verstanden?!"

„Streng genommen ist er auch Ihr Chef, Sie …"

„Sachte, sachte, immer mit der Ruhe, Luisa. Weißt du, zwischen uns ist nicht nur ein Größenunterschied, sondern auch ein

Wissensunterschied. Meine Beförderung steht bereits an, deine scheint mal kurz in die Wüste abgebogen und verbrannt zu sein. Der Fall ist vorbei!"

Luisa biss ihre Zähne fletschend wie ein Raubtier auf der Jagd und wütend zusammen. Sie wusste, dass Sammy und sie es nicht dabei belassen und trotzdem weiterforschen würden.

„Für euch zwei gibt es gerade keinen Fall, also verfrühter Feierabend, wenn man das so nennen kann."

„Aber Sie halten doch eine Mappe in der Hand, geben Sie sie her, vielleicht können wir uns darum kümmern."

„Nein!"

Doch Sammy war schnell und schnappte einfach nach ihr. „Was ist das?"

Robert blickte zu Ferdinand, der nachdenklich zustimmte. „Gut. Eigentlich war das mein Fall, aber die Beförderung kriege ich sowieso. Hier ist die Akte eines neuen Toten. Ein gewisser „Manuel Kerzer" ist das Opfer. Er ist erstickt, wohl ein Unfall. Die Lösung liegt fast auf der Hand, deshalb wollten wir euch nicht damit beschäftigen, so hätte ich einen weiteren richtig gelösten Fall zu verzeichnen gehabt und ihr nicht. Ihr habt es sowieso nötig einmal wieder ein Erfolgserlebnis zu haben. Das Polizeipräsidium will ohnehin, dass wir kurz ermitteln, um die Reporter zu beruhigen, daher bitte: Euer neuer Ermittlungsansatz. Ich habe eindeutig viel Besseres zu tun! Also auf, auf und wehe ich erkenne, dass ihr euch noch mit Ottos Ableben befasst! Oh, meine Brille ist angelaufen. Würdet ihr mir bitte mein Tuch aufheben? Es ist heruntergefallen."

Widerwillig hob Sammy das Tuch, auf dem ein „R" eingestickt war, auf und hielt es Sechel entgegen. Dann verließen die beiden das Zimmer.

„Hast du den offenen Schrank gesehen? Was für ein Waffenarsenal er in seinem Büro hat! Der spinnt doch, Sammy! Komm, wir fahren jetzt zu dem erstickten Mann." Nach einer viertelstündigen Fahrt angekommen fanden sie noch die Spurensicherung vor, die aber, als die zwei den Raum betraten, überrascht zusammenzuckten. Dabei fiel etwas zu Boden.

„Oh, Sie haben uns erschreckt. Ähm. Wir haben hier ein männliches Opfer, 40 Jahre alt, hat durch Sauerstoffmangel blau angelaufene Lippen. Wir gehen von keinem Mord aus, denn neben seinem Bett steht ein halbaufgegessenes Brot, ein paar Bröseln sind in seinem Bett und manche haben wir in seinem Rachen gefunden. Der arme Kerl hat das mit dem „letzten Abendmahl" wohl zu ernst genommen. Wir sind fertig, aber es gibt hier nicht viel zu sehen. Der Leichnam wird ohnehin gleich abgeholt, davor könnt ihr noch einen Blick auf ihn werfen", meinte ein unbekannter, etwas älterer Herr.

Endlich war das Duo von der „Spusi" verschwunden und die beiden Kommissare allein. So konnten sie viel besser ihre Gedanken ordnen. „Schlimm. Die Frau Kersten, seine Nachbarin, wie es hier in dem Kurzbericht steht, hat ihn vor kurzem so aufgefunden. Sie war mit ihm zum Brunch verabredet und als sie nichts hörte, aber ein Licht durch das Guckloch erkennbar war, da hat sie sich Sorgen um ihre neue Liebe gemacht… Arme Frau."

„Ja und wie", sagte Luisa nachdenklich. Irgendetwas, wohl ihr sechster Sinn meldete ihr, dass hier etwas faul war. Das war alles zu eindeutig, zu klar. Sie gähnte und da entdeckte sie über den Toten gebeugt mit ihren müden Augen auf einmal etwas. Ganz leicht und klein schimmerte es. Ein kleiner roter Fleck, ein Hämatom auf dem Armgelenk des erkalteten Leichnams. „Merkwürdig", flüsterte Luisa und wischte über seine Handgelenke, dann über den Hals.

„Luisa, was soll das?"

„Es ist alles zu eindeutig, Sammy."

„Was meinst du damit? Luisa, rede mit mir!"

„Sekunde." Sie bückte sich. „Ich wusste es. Sammy, das war kein Unfall. Das war Mord! Eiskalter, präzise geplanter Mord."

„Du hast Recht, da sind Abwehrspuren! Die Hämatome sind frisch, als hätte jemand den Mann aufs Bett gedrückt, sodass er sich nicht bewegen kann, jedoch wurden sie mit Puder übermalt!"

„Und hier ist das Beweismittel. Der Puderstab. Er lag unter dem Bett!"

„Die Spurensicherung hat doch etwas fallengelassen, als wir hineinkamen!"

„Ja! Und sie muss auch dem Opfer das Brot absichtlich in den Mund gestopft und über den Körper gestreut haben, damit sie uns auf eine falsche Fährte locken! Wir sind gerade nicht „Freund und Helfer", sondern Mordbeteiligten begegnet!"

„Warum musste er sterben? Ich sage dir Sammy, hier scheint ein richtig falsches Spiel zu laufen." Dann entdeckte Sammy eine Kamera, doch eine SD- Karte war nicht mehr vorhanden. Auch das Handy des Mannes lag zerschlagen in seinem Mistkübel. Hier wollte jemand Beweise vernichten. Doch Beweise wofür? Oder besser gesagt: Beweise gegen wen? In der Küche des Mannes war ebenfalls alles durchwühlt worden. Doch da: Eine Reflektion des Lichtes weckte Luisas Aufmerksamkeit. Ihr Blick fiel auf eine Obstschüssel. Zwischen Orangen, Kirschen und Trauben steckte etwas Kleines, Unscheinbares, Viereckiges. Fast wie eine… SD-Karte!

„Sammy! Hol deinen Laptop heraus, schnell! Der Tote muss schlau gewesen sein und seine SD-Karte versteckt haben, weil er sich bereits in Gefahr vermutete."

Was zum Vorschein kam, waren jede Menge Bilder. Bilder von Hochzeiten, Familienfesten, Geburtstagsfeiern, Tiergartenbesuchen und dann die letzten Bilder: Bilder eines Gewehres und eines Mannes, der auf einem Hausdach kniete und in den Park schoss. Sie kannten den Park. Sie waren erst die letzten Tage immer wieder dort gewesen. Da wurde es den beiden schlagartig klar. Sie hatten es hier mit einem Zeugen zu tun.

Einem Zeugen der Ermordung ihres Chefs und Freundes, Otto Bernsten!

„Nimm die Karte und lass uns verschwinden! Schnell! Nicht, dass hier jemand zurückkommt, um erneut nach den Bildern zu suchen." Sie huschten den Gang hinunter, doch ehe sie aus der Stiege treten konnten, sahen sie zwei bekannte Gestalten, die auf sie zukamen. „In den Keller!" Die beiden bewegten sich so schnell sie konnten und waren außer Sichtweite.

„Wenn wir die Karte nicht finden, dann sind wir geliefert! Immer müssen wir die Spuren verwischen und deren Drecksarbeit erledigen!" Es waren zwei Männer von der Spurensicherung.

Nachdem sie außer Reichweite waren, meinte Luisa: „Weg hier, Sammy!" Mehr brauchte es nicht und die beiden Detektive liefen aus dem Gebäude. Sie fuhren wieder zur Dienststelle und berichteten dem Chef, was sie gerade gehört hatten. Wieder gingen sie in das Büro des Neulings und trafen auf Robert Sechel.

„… Das war Mord, verstehen Sie? Die Bilder, die wir Ihnen gezeigt haben, lassen keinen Zweifel!"

„Ja, hier waren eingeschleuste Auftragsreiniger am Werk, um Beweise zu vernichten nach dem der Mord passiert ist. Die Frage ist nur, wer war der Drahtzieher? Habt ihr eine Vermutung?"

„Mitnichten." Die beiden Polizisten, Luisa und Sammy, fühlten sich unwohl nach all dem, was sie erfahren hatten. Was, wenn ein Freund und Kollege von ihnen abtrünnig geworden war? Sie konnten sich beim besten Willen nicht vorstellen, wer so etwas tun könnte. „Hm. Nun lasst das mal unsere Sorge sein. Ihr habt gute Arbeit geleistet, wir werden das Ganze sofort überprüfen lassen! Eine wahrhaft erschreckende Entdeckung."

„Ja und wie. Und haben Sie denn eine Vermutung?"

„Nein, unser Entsetzen lässt sich kaum in Worte fassen", antwortete Ferdinand in einem kalten, monotonen Tonfall. Schließlich beschlossen Luisa und Sammy rund um das Polizeipräsidium spazieren zu gehen, um einen freien Kopf zu bekommen. Ihre Kollegen hatten alle Jalousien zu, weil die Sonne gerade vom Himmel schien, was die beiden ein wenig amüsierte, denn es sah aus, als wäre niemand da, obwohl in der Wache dichtes Gedränge herrschte. Plötzlich griff eine Hand um Sammys Kopf und hielt ihm ein dickes Tuch vor Mund und Nase und das Gleiche passierte Sekunden darauf bei Luisa. Was war nur los!? Die zwei wehrten sich mit aller Kraft, doch dann nahmen sie einen stechenden Geruch wahr und schliefen ein…

Als sie wieder wach wurden befanden sie sich noch in der Dienststelle, doch sie konnten sich nicht mehr an die letzten Ereignisse erinnern.

„Guten Morgen, Schlafmützen!", sagte der Chef zu ihnen und Robert nickte.

„Was ist passiert?"

„Ihr müsst euch wohl draußen hingesetzt haben und eingenickt sein. Jedenfalls, als ich kurz rausgehen wollte, um mit Robert rauchen zu gehen, da lagt ihr an der Wand angelehnt und habt geschlafen. Wir haben euch in die Wache getragen, was zugegebener Weise mit den dicken Winterjacken nicht leicht war, aber wir wollten auch nicht, dass ihr euch verkühlt."

„Oh, das ist uns peinlich. Tut mir leid, normalerweise schlafen wir nicht im Dienst ein."

„Der Mord an eurem Chef, das war ziemlich aufwühlend, da drücke ich noch einmal ein Auge zu. Aber das passiert euch bitte nicht nochmal."

Sammy und Luisa nickten. Ihre Erinnerungen bis auf den Morgen im Café waren wie ausgelöscht, aber das war ihnen wohl beiden unangenehm zuzugeben, weil sie vermuteten, den Dienst im Halbschlaf gemeistert zu haben.

„Geht nach Hause, schlaft euch aus oder von mir aus auch einen Kaffee trinken, aber geht!" Die zwei schlenderten zu ihrem Stammcafé. In der Hand hielten sie ihren Laptop. „Ich habe das

Gefühl, dass ich irgendetwas Wichtiges vergessen habe!"

„Ich auch, Luisa, ich auch." Sie zogen ihre Mäntel aus und setzen sich hin.

„Da seid ihr ja endlich! Ihr habt doch gesagt, ihr kommt in einer halben Stunde vorbei. Ich habe mir schon Sorgen gemacht", sagte Paula, die freundliche Bedienung, die bereits eine gute Bekannte von den beiden geworden war. „Hier ist der Stick, den ich aufbewahren sollte."

Ratlos sahen sich die beiden an. „Was ist da drauf?"

„Ich weiß es nicht, ihr habt sehr geheimnisvoll getan. Am besten wäre es wohl, ihr seht selbst nach."

Sammy öffnete seinen Laptop und steckte den Stick an. Mit einem Mal öffnete sich die Fotodatei und schlagartig kamen die Erinnerungen zurück. „Oh mein Gott!"

„Du sagst es. Es ist gut, dass wir die Bilder auf einem weiteren Stick gespeichert haben, so wie es uns Otto gelehrt hat und diesen an jemand wie Paula, der wir absolut vertrauen, weitergegeben haben."

„Wir müssen Ottos Kumpel, Martin vom Sicherheitsbüro Bescheid sagen. Er kann uns sicher helfen. Aber Sechel und Peufler dürfen kein Sterbenswörtchen darüber erfahren."

Zwei Tage spielten die zwei Oberkommissare das düstere Spiel der Täter mit. Dabei standen sie in engem Kontakt mit Martin und seinen Ermittlungen. Jemand auf der Wache hatte sie betäubt und bereits zwei Morde begangen oder zumindest dabei geholfen. Das Problem war, dass man auf dem Bild nur einen Maskierten sah, den Unbekannten Mr. X, den Todesschützen. Wie sich herausstellte, hatte Martin bereits für sich Ermittlungen bezüglich des Todes seines Freundes laufen, da dieser ihm über einen Korruptionsverdacht in seiner Abteilung erzählt hatte. Die einzigen, denen Otto absolut vertraut hatte, waren Sammy und Luisa. Nach und nach fügte sich ein Puzzleteil an die anderen. Das Ausmaß des verbrecherischen Netzwerkes war größer als gedacht. Es war Zeit, den Mördern das Handwerk zu legen.

Es war ein Sonntag, als das Begräbnis von Otto Bernsten stattfand. Alle hatten sich am Grab versammelt und Luisa und Sammy wurde klar, wie schnell das Leben vorbei sein konnte und wie wichtig es war, jede freie Sekunde mit denen, die man liebt, zu verbringen. Neben der Familie und den Freunden von Otto war auch das ganze Ermittlungsteam dabei. Der Leichnam wurde beigesetzt, jeder trauerte auf seine Weise. Die zwei Kommissare hatten bereits ihr großes Mitleid der Familie ausgesprochen und ihnen versichert, die Schuldigen noch heute festzunehmen.

Da wandte sich der Neue, neben dem Sechel stand, an Sammy und Luisa und meinte mit starrem Blick auf sie gerichtet: „Es ist alles nur ein Spiel, das ganze Leben ist nur ein Spiel, das irgendwann einmal zu Ende geht. Euer Chef hat das Spiel verloren, so wie wir alle eines Tages nicht mehr hier sein werden."

In Luisas Innersten brodelte es. Jetzt war der Zeitpunkt gekommen, dem aufgestauten Ärger die richtige Richtung zu geben. Laut, bestimmt und Peufler fest in die Augen schauend verkündete sie: „Nehmt diese Ungeheuer fest, Kollegen! Und sperrt sie für den Rest ihres Lebens weg, denn ihr perfides Spiel ist endgültig vorbei."

Zur selben Zeit klickten andernorts ebenfalls die Handschellen. Alle, die an diesem mörderischen Komplott beteiligt waren, wurden ausnahmslos verhaftet.

„Was soll das?", schrien Peufler und Sechel ungläubig.

Sammy sprach: „Wir haben einige Papiere gefunden, Belege, die bestätigt haben, dass jede Menge Geld auf zwei Offshore-Konten im Ausland auf eure Namen gebucht wurden. Eine halbe Million und das Versprechen, euch zu Sektionschef und Abteilungsleiter zu machen, war es euch wert, Otto zu ermorden, damit er nicht mehr weiter gegen einen Korruptionsskandal ermittelt, in dem ihr beide mitten drinnen steckt, genauso wie ein Politiker und zwei Diplomaten. Die sitzen übrigens bereits in Haft, genauso, wie die falsche Spurensicherung und das ganze, restliche, verbrecherische Pack. Dabei habt ihr aber nicht bedacht, dass unser Chef so klug war, seine Ergebnisse doppelt und dreifach, auch am Privatcomputer abzuspeichern. Es war eine gute Idee mit einem neuen, nicht registrierten Gewehr zu schießen, Peufler, aber die Gewehrnummer auf dem Bild des Zeugen, sie war erkennbar und zu 100% mit einem Ihrer Gewehre in Ihrem Büro übereinstimmend. Zwei Menschen anzuheuern, die Spurensicherung zu spielen und Spuren zu verwischen, ist nicht schlecht. Und euer Plan, den einzigen Zeugen, der zufällig den Schützen sah und alles von Zuhause aus fotografiert hat, zu ermorden, ging nur nicht auf, weil wir die Akte an uns genommen hatten. Ihr musstet gute Miene zum bösen Spiel machen."

Luisa übernahm: „Wir waren auch schneller als eure Auftragsreiniger und haben die SD-Karte gefunden, auf der in einer Vergrößerung die Seriennummer des Gewehrs abgebildet war. Und den Mann einzuschüchtern, nachdem er auf der Polizeistelle aufgetaucht ist, um eine Aussage zu machen, sodass er nichts verrät, und ihn danach an einem Brot ersticken zu lassen, war eiskalt überlegt. Man hat DNA-Spuren der Spucke des Zeugen auf einem deiner großen Tücher gefunden, Sechel! Vielleicht hätten Sie lieber nicht eines Ihrer mit Ihren Initialen versehenen Tücher verwenden sollen, um den armen Mann zu ermorden. Warum haben Sie es nicht gewaschen, nach dem Sie ihm dieses in den Mund gestopft haben, sodass er nicht mehr um Hilfe schreien konnte und Sie ihm die Kehle eindrücken konnten? Sollte das Tuch eine Trophäe sein? Könnte ich mir gut vorstellen. Ihr krankes Ego braucht sowas. Die Überwachungskameras der Polizeiwache, die ihr sabotiert habt, haben zufällig genau dann einen Aussetzer gehabt, als wir betäubt wurden."

„Das sind nichts als gemeine Lügen, schenkt ihnen keinen Glauben! Sie spielen nur ein Spiel, das ist alles nur ein Spiel!", riefen die beiden der geschockten Menge zu.

„Das Leben ist kein Spiel. Es ist nicht so einfach, auch, wenn wir uns das manchmal wünschen. Wenn man im Spiel verliert, macht das nichts. Man stellt die Figur wieder hin und beginnt von Neuem. Doch wenn man etwas oder jemanden für sich Wichtigen im realen Leben verliert, dann schmerzt der Verlust. Es ist ein nachhaltiger Schmerz. Ein Schmerz, der für immer bleibt. Für euch beide ist das Leben nur ein Spiel. Deshalb behandelt ihr auch alle anderen in eurem Umkreis wie Spielfiguren, die man umbringen und betrügen kann. Aber damit ist jetzt Schluss. Ja, für euch ist alles nur ein Spiel. Aber ihr beide, ihr habt dieses Spiel gerade eben verloren."

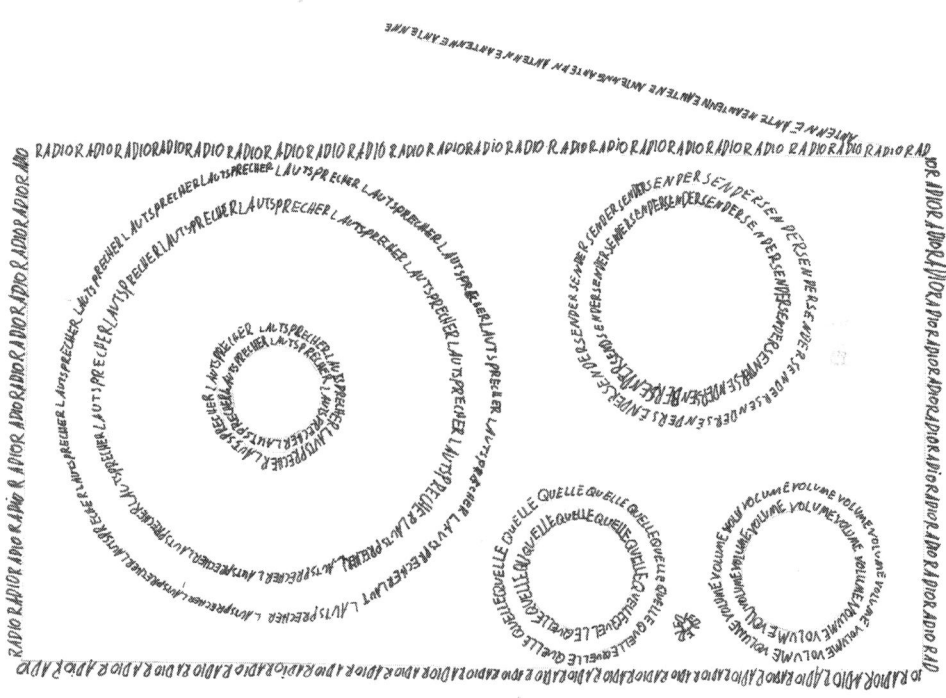

Konstantin Vogler, 11 Jahre

Die Sache mit dem Karma

Die immer näherkommenden Schritte hinter mir bereiteten mir solch eine Angst, dass ich am liebsten die Funktion meiner Ohren abgestellt hätte. Laute, schnelle, aber dennoch unorientierte Schritte. In meiner Panik bog ich in die nächstbeste Seitengasse ein, bis ich erschrocken feststellen musste, dass es eine Sackgasse war. Es war zu spät. Hier würde mein Leben enden. Allein in einer düsteren Sackgasse, gefolgt von Kreaturen, die nur so nach meinen Innereinen lechzten. Ich hatte mir schon häufig vorgestellt, wie ich einmal sterben würde, aber diese Art und Weise beängstigte mich mehr als jede andere. Ich hatte Angst vor der Wiedergeburt, vielleicht würde mich mein Karma einholen und ich müsste mir alles erneut erarbeiten. Zumindest will ich nicht als verängstigtes Kätzchen sterben, welches in eine Sackgasse gelockt wurde. Deswegen zückte ich meine Waffe und lief schreiend auf meine Gegner zu. Ich hatte keine Chance, das wusste ich ganz genau, denn ich war allein und die Meute bestand aus mindestens fünfzig Kreaturen, aber ich würde im Kampf sterben und das würde vielleicht eine positive Auswirkung auf mein Karma haben. Als ich mich gerade in die Meute stürzen wollte, hörte ich das Geschoß eines fremden Gewehrs auf der anderen Seite der Gasse. Ich wusste zwar nicht, ob der andere Schütze Feind oder Freund war, aber ich hielt mich kurz vor dem Zusammenstoß auf und rannte zurück. Als ich in sicherer Entfernung stehenblieb, stellte ich erfreut fest, dass fast die Hälfte der Kreaturen tot am Boden lagen. Ich schloss mich dem fremden Schützen an und wir nahmen die Meute in Zange. Wir beschossen sie von beiden Seiten, solange bis sich keiner mehr bewegen konnte.

„Schon hässliche Viecher, diese Zombies. Ich will mir nicht vorstellen, wie das ganze ausgefallen wäre, wenn ich nicht da gewesen wäre", sagte der Fremde. Irgendwas an seinem selbstsicheren Ton gefiel mir nicht, also log ich: „Ich hatte alles unter Kontrolle", wenn ich je etwas Nützliches gelernt hatte, dann, dass man fremden Leuten niemals Schwachstellen zeigen durfte.

„Hat man auch gemerkt", murmelte er und wusste anscheinend nicht, dass mein Gehör so gut war, dass ich es verstehen konnte, aber ich beschloss, ihm die Genugtuung des letzten Wortes zu lassen und ging an ihm vorbei. Aber anscheinend war er noch nicht fertig: „Wer bist du überhaupt?"

Warum zur Hölle war er nur so neugierig? Ich drehte mich um „Mein Name ist Aurora, wenn du das wissen wolltest", sagte ich leicht genervt, aber er ließ sich nicht davon abschrecken.

„Aurora, schöner Name. Woher kommst du?"

„Von hier", sagte ich kurz angebunden und machte mich wieder auf den Weg. Er schien endlich gemerkt zu haben, dass ich weg wollte, aber er rief mir dennoch zu: „Ich bin übrigens Ajax. Bin neu hier, also kann sein, dass wir uns öfters begegnen werden. Oder wir werden einfach ein Team, hat doch super funktioniert eben!" Vergiss es.

Ich ging zurück in meine Wohnung, der einzige Ort den ich als sicher empfand, sicher vor den Zombies, sicher vor der Außenwelt. Ich legte mich in mein Bett und schlief meine gesamte Erschöpfung aus.

Am nächsten Morgen machte ich mich wieder auf den Weg, ich hatte nämlich einen Auftrag von dem Wissenschaftler bekommen, für den ich arbeite. Er forscht gerade an einem Heilmittel gegen das Zombie-Virus. Nicht, dass das nicht viele machen würden, aber irgendetwas ließ mich auf ihn die meiste Hoffnung setzen. Ich würde alles für dieses Mittel tun, denn meine Schwester wurde vor zwei Monaten infiziert und ich habe die Hoffnung auf Heilung bis jetzt nicht verloren. Ohne sie wäre es einfach kein lebenswertes Leben. Zurzeit hielt ich sie angekettet in einem Raum in meiner Wohnung gefangen und hoffe immer noch, dass ich aus irgendeinem Albtraum aufwache und sie eigentlich kein Zombie ist. Mein Auftrag war es, die Festplatte eines Computers von einem berühmten Forscher, auf der sich angeblich wichtige Ergebnisse einer Studie befanden, zu holen. Die Botschafter des Wissenschaftlers hatten mir die Adresse des Computers gegeben, also sollte es nicht schwer sein, ihn zu finden.

Als ich um die nächste Ecke bog, sah ich einige Zombies, die eine verängstigte Katze, die auf einen Balkon geflüchtet war, anfauchten. Die Zombies waren so beschäftigt, dass sie mich nicht bemerkten, also könnte ich eigentlich ohne Kampf an ihnen vorbeischleichen, aber ich war mir sicher, dass in dem Haus, zu dem der Balkon führte, Zombies waren und es nur eine Frage der Zeit war, bis sie auch auf die Katze aufmerksam wurden. Normalerweise wäre es mir egal, aber ich erinnerte mich daran, wie ich gestern so in der Falle gesessen bin und gerettet wurde, deswegen beschloss ich die Viecher nach und nach zu erschießen, die Katze vom Balkon zu heben und sie zurück auf den Boden zu setzen. Sie flüchtete in einen kleinen Spalt zwischen zwei Häusern, wo sie die Zombies nicht mehr belästigen würden. Ein Pluspunkt für mein Karma. Viele Minuspunkte für meine Munition.

Das Gebäude, in dem sich mein Ziel befand, war ein wunderschöner Altbau mit kunstvoll verzierter Fassade, so wie es in diesem Viertel üblich war. Ich nahm ein Messer in die Hand und öffnete die aufgeschlossene Tür. Als ich einen Schritt ins Gebäude setzte, strömte mir der entsetzliche Geruch von Verwesung in die Nase. Ich war mit sicher, hier den ein oder anderen Zombie anzutreffen, also schloss ich meine Hand fester um das Messer bevor ich die Treppen hinauf ging. Das Appartment, in dem sich der Computer befinden sollte, lag im 3. Stock. Es war die Nummer sieben. Schön, sieben war meine Glückszahl. Hier wurde aber wieder bewiesen, wie unnötig Glückszahlen waren, denn die Tür war abgeschlossen und sobald ich meinen Dietrich in das Schlüsselloch steckte, hörte ich die altbekannten stampfenden Schritte und die dazugehörenden ächzenden Laute. Sie kamen von der anderen Seite des Flures. Ich hatte nur noch zwei Patronen, also beschloss ich sie aufzubewahren und als der Zombie so nah war, dass ich sogar seine Golduhr am Handgelenk sehen konnte, stürzte ich mich auf ihn, rammte ihm mein Messer in den Hals und zog es erst wieder heraus, als er tot zu Boden sank.

Ich hatte mir einmal prophezeit, dass ich, wenn ich weiter solche Nahangriffe ohne Überraschungseffekt machen würde, irgendwann von einem dieser Viecher gebissen werde, aber anscheinend habe ich noch nicht mein ganzes Glück aufgebraucht. Ich wischte meine Klinge an meiner Hose ab und konnte nicht widerstehen die Golduhr des Zombies an mich zu nehmen. Minuspunkt für mein Karma. Nun wollte ich mich wieder an die Tür ranmachen, aber anscheinend hatte ich vor Schreck den Dietrich abgebrochen. Die Tür musste trotzdem geöffnet werden, also beschloss ich zu improvisieren, nahm einen Sessel, der im Flur stand und schlug so lange auf die Tür ein, bis sie aufsprang. Wie gut, dass sich diese Menschen stabile Sessel aus Hartholz leisten konnten. Die Wohnung sah ganz und gar nicht so aus, wie ich mir die von einem Forscher vorgestellt hätte. Sie war so… „normal". Die Wohnung hatte ein riesiges Fenster, welches Ausblick auf die Stadt bot. Dieser Ausblick machte mich traurig. Es war alles grau, lauter verlassene und teils kaputte Häuser. Vor zwei Jahren brach das Zombie-Virus in dieser Stadt aus und alle Menschen, die das große Glück hatten, nicht infiziert zu werden, flohen. Ich, meine Schwester und einige andere, wie zum Beispiel Ajax, waren die Art von Menschen, die hierherkamen und sich Vorteile aus den Besitztümern der ehemaligen Stadtmenschen schufen. Meine Tante hatte hier gelebt und ihre ist auch die Wohnung, in der ich mit meiner Schwester wohne. Die einzigen, die diese Katastrophe anscheinend nicht verschreckte, waren die Pflanzen. Aus der grauen Stadt ragten riesige, teils mutierte Pflanzen heraus. Ich vermute, dass die Mutation von dem Virus kam, welcher in der Luft lag und es wunderte mich, dass er uns Menschen bis jetzt nicht traf.

Ein klirrendes Geräusch riss mich aus meinem Gedankengang. Sofort wütend auf mich selbst, dass ich so unachtsam war, drehte ich mich um und bemerkte, dass das Geräusch aus der Küche kam, deren Tür halb geöffnet war. Durch die Tür konnte ich einen Zombie sehen und wunderte mich, wie er hier hineinkam, wenn doch die Tür verschlossen war. Ich hätte ihn ja bemerkt. Wahrscheinlich war er noch während seiner Verwandlung in seine Wohnung gegangen. Egal. Ich musste mich jetzt auf meinen Auftrag konzentrieren. Da mich der Zombie noch nicht bemerkt hatte, beschloss ich noch einen Versuch zu wagen, einem Kampf aus dem Weg zu gehen. Ich schaute mich lautlos im Raum um und war erleichtert, den Computer zu erblicken. Die Festplatte lag gleich daneben, also nahm ich sie, steckte sie in meine Tasche und schlich zur Tür. Leise legte ich meine Hand auf die Klinke und drückte sie langsam hinunter. Langsam. Nur kein Geräusch von sich geben. Nur noch ein kleines Stückchen... Klick. Zu spät. Der Zombie hatte mich bemerkt. Vor Schreck unfähig mich zu bewegen, starrte ich auf den Zombie, welcher auf mich zu stürzte. Erst als er fast bei mir angekommen war, realisierte ich die Situation, öffnete im letzten Moment die Tür und schlug sie, als ich im Flur war, mit so einer Wucht wieder zu, dass ich dem Zombie seine Hand abschlug. Wie zur Hölle hat er mich beim Aufbrechen der Tür nicht bemerkt, aber bei diesem winzigen Geräusch wird er sofort aggressiv. Als ich die Tür hinter mir zuschlug, hatte ich wahrscheinlich nicht nur den einen, sondern alle anderen Zombies, die sich noch in diesem Gebäude befanden, auf mich aufmerksam gemacht. Panisch rannte ich den Flur entlang, stürzte die Treppen hinunter, schlug die Haustür hinter mir zu und rannte weiter. Ich bildete mir ein irgendwelche Schritte hinter mir gehört zu haben, aber das war mir egal, denn alles, was ich jetzt wollte, war, hier weg zu kommen, die Festplatte zu überreichen und meine Schwester zu retten.

Ich bog um und da kam es, wie es kommen musste, ich stand direkt vor einer Meute aggressiver Zombies. Als ich vorhin sagte, ich hätte mein Glück anscheinend noch nicht vollständig aufgebraucht, hatte ich mich gewaltig geirrt. Mit zwei Patronen und einem Messer hatte ich nicht die geringste Chance gegen die Meute. Ich hatte ein Déjà-vu zu dem Ereignis des gestrigen Tages, nur dass ich mir nun noch sicherer war, dass ich sterben würde und mit Sicherheit kein Ajax auftauchen würde, um mich zu retten. Hinter mir kamen eine zweite Meute von Zombies. Ich war umzingelt. Umzingelt von Zombies. Ich blieb stehen, sank zu Boden und wartete auf mein Ende. Die Geräusche der Zombies hörte ich nur noch gedämpft und vor meinen Augen verschwamm alles. Stattdessen spielte sich in meinem Kopf ein Film meiner Erinnerungen ab und ich realisierte, dass mein Ende nun gekommen war. Ich sah, wie ich und meine Schwester bevor wir gingen, meiner Mutter versprachen, auf uns gegenseitig achtzugeben und in der nächsten Szene sah ich, wie sich meine Schwester qualvoll verwandelte und sich währenddessen aus letzter Kraft ankettete, weil ich es nicht über mich brachte, es zu tun. Ich spürte mein Leiden und meine ganzen Emotionen von damals wieder und es drohte mich zu zerreißen. Ich kann jetzt nicht einfach so aufgeben. Nicht jetzt.

Plötzlich hörte ich eine bekannte Stimme und wurde aus meinen Erinnerungen gerissen: „Du hast also alles unter Kontrolle?" Es war Ajax. Er sprang von einem niedrigen Balkon zu mir hinunter und schoss die Zombies nach und nach mit einem

Maschinengewehr ab, bis alle tot waren. Ich lag immer noch bewegungslos, da als Ajax zu mir kam und mit einem breiten Grinsen im Gesicht sagte: „Da haben wir es, Ajax rettet Aurora ein zweites Mal das Leben, wenn das mal keine gute Story abgibt. Ich sagte doch, ich könnte dich begleiten." Er half mir auf und ich murmelte: „Danke."

Als ich den Botschaftern die Festplatte überreichte, steckten sie diese in eine Maschine, um zu überprüfen, ob das Material, welches sie brauchten, da war. In der Zeit, während es lud, dachte ich an meine Schwester, daran wie wir waren, bevor sie infiziert wurde und wie wir hoffentlich sein werden, nachdem sie geheilt werden würde. Dann dachte ich an Ajax und zerbrach mir wieder den Kopf darüber, was ich von ihm halten sollte. Woher wusste er, dass ich im Wohlviertel war. War er überhaupt wegen mir dort? Oder war es nur Zufall? Wenn es kein Zufall war, war dann vielleicht das Ereignis am Vortag auch kein Zufall? Vielleicht warnte mich mein Unterbewusstsein vor ihm und ich machte den großen Fehler es zu ignorieren, aber vielleicht hatte ich auch einfach nur Vertrauensprobleme und Ajax war einfach nur ein netter Mensch. Wie soll ich es nur schaffen, alles zu beachten: ständig auf mein Karma aufpassen, währenddessen ich in einer Stadt voll Zombies lebe, meine Schwester retten und gleichzeitig vorteilhafte soziale Verbindungen knüpfen, oder einfach nur Freunde finden sollte? Egal, was ich mache, entweder es schädigt mein Karma oder meinen Komfort. Aber was war mir wichtiger? Um ein absolut glückliches und erfolgreiches Leben zu haben, müsste man doch ein Gleichgewicht finden. Ein Gleichgewicht zwischen Karma, Komfort und allen anderen wichtigen Kriterien für so ein Leben. Hat das überhaupt schon mal jemand geschafft? Oder war das überhaupt möglich?

Meine Zimmertür wurde aufgerissen und meine Mom kam hinein: „Es ist schon sehr spät am Abend, und anstatt dass du endlich was für die Schule machst, hängst du ständig nur vor deinem Zombiespiel rum! Schluss jetzt, oder dein Computer geht weg!"

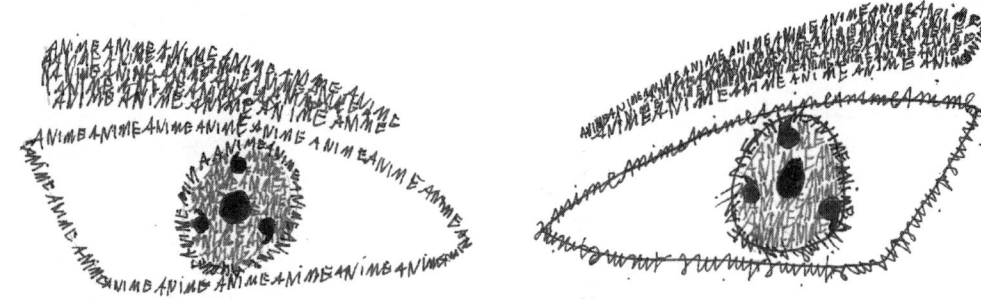

Lorenz Stöberl, 11 Jahre

Yacoub El-Musrati
13 Jahre   Jahrgänge 2009-2011

Ice and Fire

An einem Sonntag war Timithy sehr langweilig, weil seine
Eltern bis 21:30 Uhr weg sind. Da fielen ihm seine drei Freunde
ein: Tomson, Greg und Leonard. Timithy schrieb seinen Freunden, dass sie sich bei ihm treffen sollen.

Als sie sich bei ihm versammelten, beschlossen sie einfach
rauszugehen. Nachdem die Freunde draußen waren, kamen sie
an einem mysteriösen Geschäft vorbei. Aus Neugier beschlossen
sie hineinzugehen. Da entdeckten sie plötzlich ein Brettspiel, das
ganz cool aussah. Sie beschlossen all ihr Geld zusammenzulegen
und das Spiel zu kaufen. Als sie es gekauft hatten, gingen die
neugieren Freunde schnell zu Timithy´s Haus und machten die
Packung auf. Das Spiel hieß „Ice and Fire".

Tomson machte die Packung auf und die Kinder sahen einen Knopf, Spielfiguren und das Brett. Auf dem Knopf stand
„Los geht´s". Sie wählten die Charaktere aus und drückten den
Knopf. Auf einmal wurden sie ins Spiel hineingezogen und befanden sich mittendrin.

Nach einer Schrecksekunde sahen sie ein Schild. Darauf
stand: „Willkommen bei Ice and Fire! Ihr habt vier Leben und
eine Spezialfähigkeit: Leonard hat Rauch, Timithy Feuer, Tomson Wasser, Greg Eis. Die Spezialfähigkeit wird jeder schnell
einsetzen müssen. Ihr könnt Waffen kaufen und verwenden. Es
gibt jedoch Bosse und Fallen, also Vorsicht!"

Die Freunde fragten sich verzweifelt, was passieren würde.
Da sie so schnell wie möglich aus dem Spiel wollten, began-
nen sie auf das erste Spielfeld zu springen. Auf einmal kam ein
Würfel zum Würfeln. Sie spielten Schere-Stein-Papier. Leonard

verlor und würfelte. Er würfelte eine 5. Er sprang die fünf Felder und bekam 100 Münzen. Leonardo fragte sich für was die 100 Münzen gut sein könnten. Greg war als Nächster dran. Er würfelte eine 6. Als er sechs Felder sprang, bekam er 150 Münzen. Er blickte nach vorne und sah auf dem achten Feld einen Marktstand. Da fiel ihm ein, dass sie Waffen kaufen könnten. Als Tomson die Würfel bekam, würfelte er eine 4 und er sprang vier Felder weiter und fand eine Schatztruhe. Tomson fand darin ein Schutzschild, einen Brustpanzer, ein Schwert und 500 Münzen.

Timithy hoffte, dass er auch eine 4 würfeln würde, doch er würfelte auch eine 6. Gleich nachdem er bei Leonardo war, übergab er ihm den Würfel. Leonardo würfelte eine 3. Er sprang die zwei Felder und kaufte kurz einiges – Pfeil und Bogen und einen Brustpanzer – dann sprang er ein Feld weiter. Als er dort landete, verschwand er jedoch!

„TIMITHY!", schrien seine Freunde. Sie waren so verzweifelt, dass sie sofort zu Würfeln begannen. Nach einer Minute waren sie endlich auf dem Feld und verschwanden sofort. Sie hörten Schritte. Tap… Tap… Tap…

Es lief ihnen eiskalt den Rücken hinunter. Dann hörten sie ein Atmen.

„Was war das?", fragte Greg. Plötzlich erinnerte er sich an seinen verschwundenen Freund und versuchte das Monster zu finden und zu bekämpfen. Er rief nach seinen Freunden und alle kamen aus ihrem Versteck hervor. Sie gingen weiter. Nach einer Weile war nur ein Lüftungsschacht und eine verschlossene Tür zu sehen. Leonard konzentrierte sich und verwandelte sich in Rauch. Er öffnete die Tür und alle konnten weitergehen. Nach einer Weile sahen sie einen großen Teich. Sie schauten sich um und konnten nichts außer Wasser sehen. Sie fanden auch keine Brücke. Da konzentrierte sich Tomson und sie überquerten den Teich, indem sich das Wasser teilte.

Irgendwann sahen sie das Monster und attackierten es. Irgendwann ging das Schild von Tomson kaputt und alle verloren alle drei Leben, bis sie nur noch ein Leben hatten. Sie versteckten sich und heckten einen Plan aus. Ihnen fiel ein, was sie auf dem Schild zu Beginn des Spieles gelesen hatten: „Jeder setzt seine Fähigkeit ein!"

So sprangen sie aus ihrem Versteck und froren das Monster ein. Daraufhin ließen sie ihn schmelzen. Plötzlich tauchte ein Knopf auf, darauf stand: „Zurück!"

Sie drückten ihn und waren wieder aus dem Spiel.

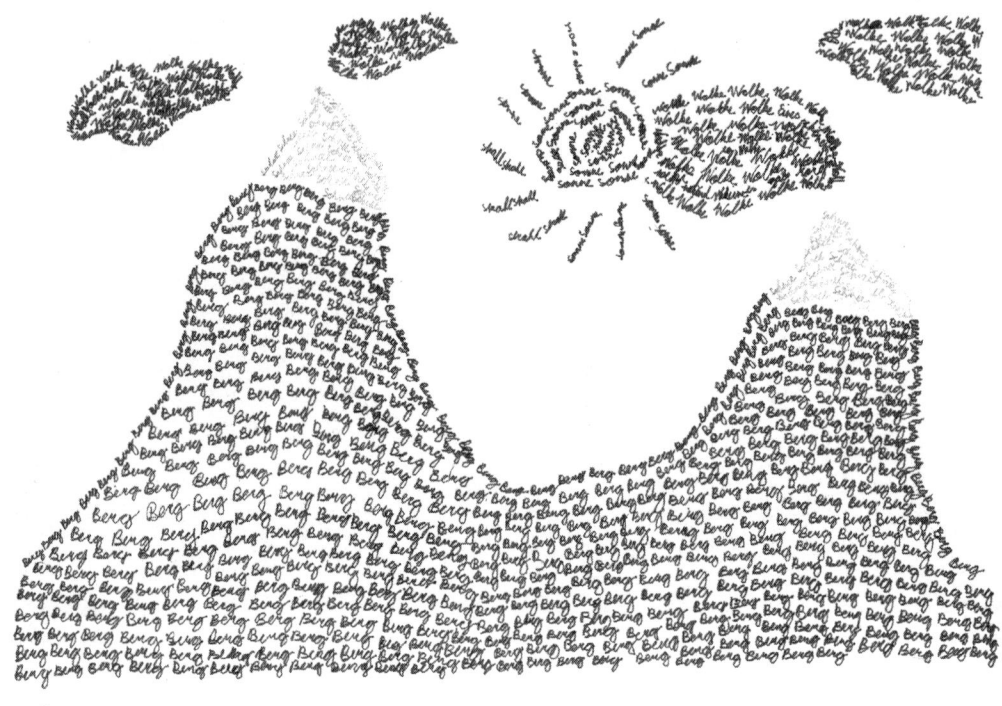

Matthias Karas, 11 Jahre

Joan Navrkal
13 Jahre   Jahrgänge 2009-2011

Versteck dich

„Mein geliebter Franz, es wird Zeit, deiner Tochter Lebewohl zu sagen!", sprach Josephine mit Tränen in den Augen.

„Ja, mein Liebling. Doch sage mir, Weib, wie soll ich unserer zwölfjährigen Tochter erklären, dass ihr Vater in den Tod zieht?"

„Ach, ich weiß es nicht, mein Gatte! Aber deine Leute holen dich gleich ab, um dem Krieg beizutreten. Lass sie etwas Gutes glauben, damit ihre Trauer erst nach den glücklichen Momenten eintritt!"

Doch zum weiteren Reden kam es nicht. Denn Theresa, das wohl glücklichste Kind vom Lande, tanzte fröhlich in den Raum, in dem sie standen.

Die hilflosen Eltern wechselten einen Blick, Franz kniete sich zu seinem Mädchen herunter, und sagte sanft zu ihr: „Na mein Schatz, groß bist du. Weißt du was, wir machen jetzt etwas ganz Lustiges! Du zählst bis 30 und ich verstecke mich, was hältst du davon?"

„Oh ja! Versteck dich aber gut, ich bin die beste Sucherin der ganzen Welt!", kicherte Theresa.

Ihr Vater drückte ihr noch einen feuchten Kuss auf die Stirn. Dann drehte sie sich um, und er lief weg. Seine Männer warteten bereits vor seinem kleinen Haus mit dem Truck des Militärs.

„Eins…zwei…drei…vier…"

Die Mutter weinte mit jeder Zahl, die sie zählte, eine Träne, die ihre blassen Wangen herunterrannen.

Ihre Augen waren schon ganz rot.

„25…26…27…28…29…30! Ich komme Papa!", rief das Mädchen laut und mit Freude in der Stimme.

Schon rannte sie durch die Holzhütte, durchforstete alle Kästen, Räume, Schränke, und die kleine Kammer, vor der sie sich eigentlich fürchtete.

Nach 15 Minuten ohne Erfolg bat sie ihre Mama um Hilfe. Doch diese antwortete nur: „Er hat sich weit weg versteckt."

„Warum so weit weg?"

„Damit du ihn lange suchen kannst."

„Ach so, dann suche ich mal im Garten und bei den Nachbarn!"

„Nein, mein liebes Kind. Für heute ist es Schluss, such' morgen weiter! Gehe auf dein Zimmer, ich komme dir gleich Gute Nacht sagen." Ohne zu hinterfragen tat Theresa, was ihr weiblicher Elternteil ihr auftrug.

Am nächsten Tag suchte sie ihn wieder, draußen im Garten, nichts. Dann bei den Nachbarn, aber die waren nicht zu Hause. „Mutti, warum sind Herr Grödl, und Herr Mant nicht zu Hause?"

„Ach Schatz, die haben einen gemeinsamen Urlaub im Ausland gemacht."

„Oh, deswegen ist abgeschlossen."

„Genau." Sie konnte ihr schwer sagen, dass beide mit ihrem Vater in den Krieg gezogen waren.

Danach durchforstete das Mädchen den Stall des Herrn Grödl, ohne Erfolg.

Nach einer Woche dieses verzweifelten Suchens gab sie auf, und wartete darauf, dass ihr Vater von selbst herauskam. Sie fand es nicht mehr lustig.

Theresa aß nun gemeinsam mit ihrer Mutter zu Mittag. Ihr schmeckte die warme Hühnersuppe. Plötzlich hallte ein Knall von draußen durch die Wände, ein gewaltiger Schuss.

„Mutter, was war das?"

„Nichts, aber weißt du was?"

„Was denn?" Noch ein Knall, die Wände zitterten, und der Boden bebte leicht.

„Wir machen jetzt etwas ganz Lustiges! Du versteckst dich in der versteckten Vorratskammer, und ich zähle und suche dich, was hältst du davon?"

„Oh ja!"

Josephine war froh, dass ihre Tochter nicht daraufkam, was sie eigentlich wirklich sagte. „Und was du auch tust, komm nicht aus deinem Versteck heraus! Wenn Männer nach dir suchen, dann darfst du dich nicht rühren, die suchen jemand anderen!"

„Okay"

Kurz darauf lief das Mädchen zu den Vorräten in den Keller. Sie war an diesem Spaß sehr erfreut. Ihr kam nicht in den Sinn, dass ihre Mutter ihr den Ort des Verstecks gesagt hatte. So weit dachte sie nun mal nicht. Wenn es um etwas Spaßiges ging, war sie immer gleich dabei.

Also schloss das Kind die Klappe in den Keller und drehte das Licht ab. Wenige Sekunden später gab es einen Schuss, ein Glas zerbrach. Dann noch einen, weiteres Glas zersprang. Und danach wieder einen. Ein kurzer Schrei aus dem Haus, und eine kurze, dumpfe Erschütterung des Holzbodens, danach Totenstille.

Theresa dachte sich nichts dabei, weil sie diese Geräusche nicht kannte. Und im nächsten Moment ertönte ein Krach aus dem Eingangsbereich. Im Moment danach rannten Menschen über den Boden. Ihre Füße trampelten gegen den schönen Boden. Die Zwölfjährige hockte sich auf den kalten Steinboden, und beobachtete die Schatten, die sie durch die kleinen Schlitze zwischen den Holzplanken sehen konnte.

Sie verhielt sich ganz still, wie ihre Mutter ihr es gesagt hatte. Nach kurzer Zeit verließen die Männer das Haus wieder. Mehrere Minuten später hatte Theresa keine Lust mehr auf ihre Mama zu warten, und verließ vorsichtig das Versteck.

Doch das hätte sie sich lieber überlegen sollen, denn was sie sah, war unbeschreiblich schrecklich. Alle Möbel waren verschoben, der Boden mit Schlamm bedeckt, die Haustüre eingetreten. „Mama! Wo bist du?!" Keine Antwort. „Mutter?!" Wieder nichts.

Doch da, ein Husten! Sie rannte in die Richtung des Geräusches, es kam aus der Küche. Am Eingang der Küche blieb sie am Boden wie angewurzelt stehen. Ihre Augen standen offen, genauso ihr trockener Mund. Sie konnte kein Wort herausbringen, und ihr Körper bekam Gänsehaut.

Ihre Mutter lag reglos am Boden in einer roten Pfütze ihres eigenen Blutes. Ihr Atem war schwer und langsam. Theresa näherte sich ihr, und ließ sich abrupt auf die Knie fallen. Ihre zarten Äuglein wurden feucht, ihre Hände zitterten, und ihr Herz schlug schneller.

Noch ein Husten. Dann öffnete die Blutende ihre Augen leicht. „Mutter!"

„Ja…*Hust*…Ich bin es", brachte sie heraus, mit einem Zittern in der schwachen Stimme.

„Was…was ist passiert?!"

„Die Männer, sie haben uns gefunden. Und-"

„Ich dachte, sie suchen wen anderen!"

„Ich habe mich wohl getäuscht."

„Was haben sie mit dir gemacht?!", schrie sie ihre Mutter an. Diese streckte ihr ihre linke Hand entgegen, und nahm ihre Rechte. Ihre Haut war kalt.

„Es ist nicht mehr lustig! Du musst dich aufmachen, und deinen Vater suchen!"

„Aber ich finde ihn nicht!"

„Gebe…Gebe niemals auf, mein Schatz! Und wenn du ihn gefunden hast, sag ihm, wie sehr ich ihn geliebt habe!"

„Und was ist mit dir?"

„Ich komme in eine andere Welt, einen besseren Ort…"

„Aber wo ist es besser als hier bei mir?"

„Natürlich nirgends, aber-" Sie wird den Satz wohl nie beenden können. Denn ihre Augen öffneten sich kurz ganz weit, und danach schlossen sie sich langsam. Für immer.

Das Herz klopfte nicht mehr, der Kopf drehte sich zu Seite, und die Hand wurde unglaublich schwer. „Mama? Nein, komm, wach auf! Das ist nicht lustig! Komm schon! Lass es!"

Sie kreischte schmerzend, rüttelte ihre tote Mutter an den Schulten, aber sie wachte nicht wieder auf. Einen weiteren Versuch probierte sie aus, nämlich das Rütteln bei ihrem Brustkorb. Doch lange behielt sie ihre Hände nicht dort, denn etwas Flüssiges blieb an ihren Händen kleben. Es war rote, blutrote Flüssigkeit. Theresa verstand, dass es kein Spaß mehr war, und zerbrach in einem Tränenmeer. Ihr Körper wurde schwer, und sie fiel zur Seite.

Nach vielen Minuten des elendigen Weinens richtete sie sich auf. Sie starrte ihre Mutter an. Doch dann sah sie genauer hin, und entdeckte etwas in ihrer Hosentasche. Es war ein Papierstück. Sie nahm es, und versuchte es zu lesen. Das Lesen hatte ihr Onkel ihr beigebracht, ein ehemaliger Graf. Auf dem zerknüllten Zettel stand:

Liebe Theresa! Die Zeit ist gekommen, mich von dir zu verabschieden! Wenn du das liest, bin ich schon nicht mehr unter den Lebenden. Hör zu, mache dich auf den Weg zu deinem Vater. Sei ab jetzt stark! Ich muss dir nämlich die Wahrheit sagen! Dein Vater, Herr Grödl und Herr Mant sind in den Krieg gezogen. Es ist ein Weltkrieg. Ich hoffe, dass du ihn findest, aber versprich mir, niemals aufzugeben, egal wie lange deine Suchen dauern wird! Nimm dir genügend Vorräte mit, und besonders Wasser! Pass darauf auf, dass dich keine Männer sehen, die in grüner Uniform sind. Sei immer versteckt, und vorsichtig! Ich liebe dich wirklich sehr! Sag deinem Vater, dass ich ihn vermisse, und auf ihn warte, im Jenseits.

Jetzt war ihr alles klar. Doch entschlossen war sie noch nicht. Sie dachte darüber nach, was sie jetzt tun sollte. „Soll ich gehen?", sprach sie mit sich selbst, „ja, nein?" Danach erinnerte sie sich an die Worte ihrer Mutter und entschied sich für „Ja".

Sie wurde ganz ernst, und war mit wütendem Blick entschlossen. „Keine Lustigen Dinge mehr! Nie wieder!"

So packte sie einen großen Rucksack voll mit einer Decke, Essen, und Trinken. Sie verließ das Haus, drehte sich noch ein letztes Mal um, und begann ihre Reise.

Stundenlang trampelte sie zielstrebig durch zerstörte Landschaften. Dann machte sie eine kurze Pause, und weiter ging es. Abends suchte sie Höhlen in Bäumen auf. Oder das, was von ihnen übrig war. Tagelang immer nur dasselbe. Verstecken, schlafen, gehen.

Nach drei Wochen lag auf ihrem Weg ein Mann in grüner Uniform. Sie bückte sich zu ihm herunter und sprach ihn an: „Hallo?" Sie beobachtete seinen Atemzug. Er lebte noch. Sie rüttelte ihn, und er wurde wach. „Hallo! Was ist hier passiert?" Der Soldat hustete schwer. „Der Krieg…er ist vorbei! Ich…bin frei!"

Dann schloss er seine Augen wieder, und sein Herz stoppte. Theresa verstand, aber konnte nicht viel damit anfangen. Also ging sie weiter. Unwissend spazierte sie vorsichtig wochenlang durch trockene Wiesen, kahle Felder, und über tote Soldaten.

Nach vier Monaten versuchte sie, in noch ganz bestehende Häusern hineinzugehen. „Hallo, ist wer zu Hause?"

„Wer ist da?", hallte es durch das Haus.

„Ich bin ein Freund, kein Feind!"

„Was führt dich zu uns?"

„Gute Frau, ich suche meinen Vater, ich bin schon monatelang auf der Suche. Ich sah Euer Haus, das einzig nicht zerstörte bis jetzt. Ich bitte um Essen und Trinken, meine Vorräte werden knapp!"

Eine Dame kam vom Boden herab, gemeinsam mit zwei Kindern. „Wie fandet Ihr unser Haus?"

„Ich suchte im Wald nach Beeren."

„Wer bist du?", fragte eines der Kinder.

„Ich bin Theresa, und ihr?"

„Mein Name ist Agate, und das sind meine beiden Söhne Andreas und Joseph"

„Dürfte ich für eine Weile unterkommen bei euch?"

Die Frau zögerte kurz. „Na gut. Aber nur, wenn du morgen wieder abreist, meine Vorräte sind rar, aber ich teile mit dir"

„Danke, Agate"

Am nächsten Tag machte sie sich wieder auf, um ihren Vater zu suchen. Ihr Weg war bedeckt mit toten Kindern und Frauen, die unter den Trümmern ihrer eigenen Häuser lagen.

Nach mehreren Monaten ewigen Versteckens sah sie Panzer in der Ferne, hörte Schüsse und laute Schreie, die in die Haut gingen. Sie lief in die andere Richtung zurück, und von dort aus startete sie einen anderen Weg.

Ein weiteres Jahr verging, aber immer dasselbe, verstecken, schlafen, über Tote gehen, und Wege ändern. Das Wasser trank und sammelte sie von Flüssen, und ihre Nahrung bestand aus gefundenen, essbaren Dingen, die sie in Wald und Wiese fand.

Der Krieg breitete sich zu schnell aus, um sicher durch das Land gehen zu können.

In einem fast niedergemälzten Wald sah sie wieder einen sterbenden Soldaten. Er hatte Blutwunden am Fuß, sodass die grüne Hose rot war. Sie hob seinen Kopf, und sah die zahlreichen Wunden im Gesicht. Er atmete sehr schnell und kurz. „Soldat, sage mir, was ist passiert?"

„Der Krieg…Die Albträume! Es ist endlich…vorbei."

„Herr Grödl?" Nichts. Er war schon tot. Aber Theresa war sich ganz sicher, dass es er war. Sie hatte Hoffnung, dass ihr Vater nicht weit sein konnte.

Sie folgte Panzerreifen-Abdrücken, die sie in der Nähe von ihrem verstorbenen Nachbarn im Boden entdeckte. Stundenlang folgte sie den Spuren, aber die führten sie zu einem zerstörten Panzer. Rund um ihn lagen erschossene Männer, unter ihnen auch Herr Mant. Er lag mit offenen Augen im rot gewordenen Gras.

„Wo kann er nur sein? Er muss in der Nähe sein!" Sie ging weiter, mit viel Hoffnung.

Nach weiteren acht Monaten schwand ihre Hoffnung jedoch. „Ich finde ihn einfach nicht!" Doch sie durfte nicht aufgeben, sie hatte es ihrer Mutter versprochen.

Weitere sieben Monate verstrichen. Nichts. Gar nichts. Nicht mal irgendetwas, was noch lebte. Alle Häuser zerstört, Soldaten, Frauen, Kinder, allesamt tot.

Sie gab jedoch nicht auf, denn wo Glauben ist, ist auch Hoffnung. Weitere sechs Monate vergingen, aber keine Lebenszeichen von ihrem Vater. „Einen Tag noch, und dann gebe ich auf", sprach sie zu sich. Sie stolperte über ihre eigenen Füße, sie konnte die letzte Nacht nicht schlafen. Müde spähte sie nach ihm. Sie ging in einen halbwegs erhaltenen Wald, und liess sich dort auf einem Stein nieder. „Nein, jetzt nicht aufgeben, weitersuchen! Der Tag ist noch nicht um!", erklärte sie sich selbst.

Sie stand auf, und drehte sich fürs Erste mal in alle Richtungen. Und was sah sie da? Nichts.

Also lief sie einfach durch den Wald, ohne zu wissen, warum oder wohin.

Da sah sie einen Mann auf einem Stein sitzen. Zerfetzte Uniform, und dreckige Schuhe. Sie ging ein Stück näher zu ihm. „Vater?"

Der Mann drehte seinen Kopf zu ihr. „Theresa?"

„Ja, ich bin es!" Mit Freudentränen in den Augen rannte sie auf ihn los, und umarmte ihn.

„Mein Schatz, ich wollte zurückkommen, aber ich habe mich verirrt!" Beide weinten, er küsste sie auf die Stirn, und drückte sie gegen sich.

„Vater! Ich habe dich gefunden! Ich habe gewonnen! Ich sagte dir doch, ich bin die beste Sucherin die Welt!"

Merjem Dacic, 11 Jahre

Alisa Panholzer
12 Jahre   Jahrgänge 2009-2011

DIE GESCHICHTE VON LORD EISENHERZ

Es war ungefähr im 12. Jahrhundert als Lord Eisenherz mit dem ersten Platz bei den Ritterspielen ausgezeichnet wurde. Die Geschichte begann so…

Am 19. Mai 1180 fanden die Ritterspiele auf der Burg Eisenstein statt. Der Ritter Lord Eisenherz war gerade dabei sich für den Wettkampf fertig zu machen, als plötzlich seine Magd reinstürzte und ihm mitteilte, dass sein Lieblingspferd nicht bereit für den Wettkampf sei, da es krank war. Er wusste nicht, was er jetzt tun sollte…

Auf welchem Pferd sollte er denn reiten? Er überlegte lange. Da kam ihm die perfekte Idee. Er rannte zum Stall, um sich sein anderes Pferd zu besorgen. Es gab nämlich noch ein zweites Pferd namens Niki. Es war sehr süß. Doch das Problem war, dass das Tier sehr stur, respektlos, menschenscheu und aggressiv war. Aber Lord Eisenherz störte das nicht, er ließ sich nicht von der Teilnahme am Wettkampf abhalten. Da er noch ein paar Stunden Zeit hatte, trainierte er noch eine Weile mit seinem neuen Pferd und versuchte es zu zähmen. Als dann die diesjährigen Ritterspiele begannen, hoffte er nur, dass alles glatt gehen würde. Tatsächlich gab es keine Probleme, außer beim letzten Spiel, der Speerweitwurf, da bekam Niki Angst und warf Lord Eisenherz ab. Doch der tapfere Ritter stieg erneut auf das Pferd, weil er unbedingt gewinnen und niemanden enttäuschen wollte. Schließlich begann die Siegerehrung…

„Und auf dem ersten Platz Lord Eisenherz von Burg Eisenstein!"

Der begabte Ritter war überglücklich über seinen Gewinn. Seit dieser Zeit mochte er das Pferd Niki besonders, deshalb trainierte er immer einen Tag mit seinem eigentlichen Pferd und den anderen mit Niki.

Adam Huber
12 Jahre   Jahrgänge 2009-2011

Die vier Wettkämpfe der Virtualität

An einem Samstagmorgen entschied sich Gabriel, einen brandneuen Laptop zu kaufen, auf den er jahrelang gespart hatte. Als er den Computerladen betrat, grüßte er den Verkäufer freundlich. Er hatte schon den Laptop ausgesucht und kaufte ihn für einen guten Preis. Zuhause öffnete er ihn. Doch als er ihn einschaltete, verschwand er plötzlich.

Schon bald fand sich Gabriel in einer virtuellen Welt wieder. Eine mysteriöse Stimme sagte: „Hallo Gabriel! Ich habe dich bereits erwartet. Du wirst jetzt an vier Spielen teilnehmen, um in deine Welt zurückzukehren. Doch wenn du verlierst, dann waren das deine letzten Spiele." Gabriel war erschrocken. Er fragte sich, wo er überhaupt war. Die Stimme antwortete: „Ich kann deine Gedanken lesen. Du bist in den Virtuellen Spielen von Virtus."

Plötzlich verstand Gabriel alles. Sein neuer Computer hatte ihn in eine virtuelle Welt verschluckt. Auf einmal erschien ein Portal, das sich öffnete. Dahinter war ein großes Schachbrett. Er betrat das Portal und es ertönte aus dem Nichts eine Stimme: „Willkommen zu dem ersten Spiel von Virtus. Als Erstes musst du dieses von allein spielende Schachbrett in Schach besiegen."

Gabriel ging zu dem Schachbrett und machte den ersten Zug. Danach vollzog das Schachbrett den nächsten Zug und so ging es immer weiter, bis Gabriel kurz darauf den gegnerischen König in Schach setzte. Schnell verlor Gabriel viele seiner Figuren, aber er konnte nicht aufgeben. Doch schon bald darauf machte das Schachbrett einen Fehler: Gabriel versetzte seine Läufer so,

141

dass er die Dame schlagen und den König in Schachmatt versetzen konnte.

Somit meisterte er die erste Aufgabe und das nächste Portal erschien. Die Stimme sagte nun: „Glückwunsch! Du hast die erste Aufgabe bestanden. Aber nun wirst du gegen Berta im Klettern antreten."

„Wer ist Berta?", fragte sich Gabriel.

Darauf meinte die Stimme: „Du wirst es gleich selbst sehen." Er traute seinen Augen nicht, als sich ihm eine menschengroße Spinne näherte. Gabriel zitterte, denn er hatte riesengroße Angst vor Spinnen. Neben ihm war ein Turm, der ungefähr hundert Meter hoch war. Daran war eine instabile Strickleiter befestigt. Die Leiter sagte: „Ich zähle von zehn hinunter und nach eins geht es los." Gabriel wartete, bis die Leiter mit dem Zählen fertig war. Dann kletterte er los. Die Spinne schoss einen Spinnenfaden an die Spitze und zog sich hinauf. Gabriel wusste, dass er nicht gewinnen würde, und deswegen riss er den Faden entzwei. Die Spinne fiel zu Boden und wurde ohnmächtig. Also konnte er beruhigt hinaufklettern.

Als er die Spitze erreichte, erschien das dritte Portal. Er ging durch das Portal und er erschien neben einem Tischtennistisch. Da sagte die Stimme: „Glückwunsch! Du hast das zweite Spiel gewonnen. Nun musst du gegen einen Oktopus im Tischtennis gewinnen. Aber der erste Punkt entscheidet, ob du gewinnst oder nicht." Gabriel sah den Oktopus. Der Oktopus hatte acht Arme und acht Tischtennisschläger. Gabriel wusste gleich, dass dies kein leichtes Spiel werden würde. Er ging zum Tischtennistisch und machte den Aufschlag. Der Oktopus schoss den Ball zu Gabriel zurück und Gabriel erwiderte den Schuss zum Oktopus. So ging es eine Weile weiter. Langsam wurde Gabriel müde, aber der Oktopus auch. Gabriel wusste, er musste noch ein wenig länger konzentriert bleiben, um ihn zu besiegen. Plötzlich machte der Oktopus einen kleinen Fehler und glitt am Ball vorbei. Gabriel gewann das Spiel.

Da erschien noch einmal ein Portal. Er ging hindurch. Auf einmal sah er einen großen Raum, wo viele Drückbänke standen. Darauf hörte Gabriel die Stimme. Sie sagte: „Jetzt wirst du bei dem vierten Spiel antreten. Du musst gegen eine Ameise beim Gewichtheben gewinnen." Gabriel dachte, dass der Wettkampf leicht wäre. Doch als sich die Ameise zeigte, stellte es sich heraus, dass sie so groß wie er selbst war. Die Ameise ging zu der Drückbank und stemmte ganze einhundert Kilogramm. Nun war Gabriel an der Reihe. Er ging zu der Drückbank und versuchte 110 Kilogramm zu stemmen. Er legte sich auf die Bank und begann mit dem Stemmen des Gewichtes. Das Gewicht war doppelt so schwer wie Gabriel, deswegen war es sehr schwer für ihn. Gabriel dachte: „Ich muss es schaffen. Ich möchte meine Familie und Freunde wiedersehen!" Er konzentrierte sich auf seine ganze Kraft und er fokussierte sich auf das Heben des Gewichtes. Und da schaffte er es. Er hatte unglaubliche 110 Kilogramm hochgehoben. Er war der glücklichste Mensch der Welt.

Auf einmal war er wieder in der realen Welt vor seinem Computer. Er fragt sich, ob er kurz eingeschlafen war, doch dann sah er auf seinem Computer: „Neuer Highscore".

Michael Schappelwein, 11 Jahre

Maria Valeskini

13 Jahre

2. Preis

Jahrgänge 2009-2011

Falsche Freunde

Ich wachte auf. Meine Augen waren trübe und ich sah noch etwas verschwommen. Es war eine friedliche Nacht gewesen, doch das, was mich geweckt hatte, beunruhigte mich.

Ich schlüpfte in meine plüschenen Pantoffeln und spähte den Gang hinaus. Ich musste mich anstrengen, um Genaues zu erkennen, aber was ich sah, ließ meine Befürchtung wahr werden. Mein Vater hielt eine Bierflasche in der Hand und nuschelte etwas vor sich hin. Als ich meinen Kopf etwas mehr nach links bewegte, erkannte ich meine Mutter in ihrem Morgenmantel. Sie schaute ihn widerwillig an und flüsterte im strengen Tonfall: "Es ist gerade erst 4 Uhr morgens! Was um alles in der Welt hast du so lange gemacht?!"

Doch Papa antwortete ihr nicht. Stattdessen holte er sich noch ein zweites Bier aus dem Kühlschrank und pfefferte das leere in seiner anderen Hand auf den Boden. Dann schubste er Mama auf die Seite und stapfte die Treppen nach oben. Mittlerweile bekam ich immer öfter mit, wie mein Vater betrunken heimkam. Ich wusste nicht, wo er sich die ganze Zeit aufhielt, aber wenn ich ehrlich war, wollte ich es nicht so genau wissen. So beschloss ich, wieder ins Bett zu gehen. Ich wusste, dass ich kein Auge zumachen können würde, doch ich fand, es war einen Versuch wert.

Der nächste Morgen sah schon ganz anders aus als die Nacht zuvor. Die Sonne schien herrlich und es roch nach Waffeln. Ich betrat das Esszimmer. Der Tisch war schön gedeckt und eine große Portion Waffeln lag auf meinem Teller.

„Morgen, mein Schatz," sagte meine Mutter fröhlich, so als wäre nichts gewesen, doch ich sah hinter ihr die zusammengekehrten Glasscherben liegen. Ich fand, sie sollte nicht mehr länger mit sich spielen lassen. Denn ich wusste, dass nur sie Geld verdiente und mein Vater es nur ausgab. Doch trotz meinem Bedürfnis zu schreien sagte ich nichts.

Nachdem das Wetter heute so schön war, fuhr ich mit dem Rad zur Schule. Die Motivation war nicht groß, und ich musste mich überwinden mich dem Gebäude zu nähern.

Als ich in der Schule ankam wurde mir mulmig zumute. Heute hatten wir einen Test in Chemie. Ich hatte nicht gelernt und war auch nicht das hellste Licht in chemischen Sachen. Meiner Meinung nach verging der Vormittag viel zu langsam und die Zeit für den Test viel zu schnell.

Nach der Schule kam eine Gruppe von Kindern auf mich zu. Ich kannte keinen von ihnen. Ein Junge mit blassem Gesicht und blau gefärbten Haaren sprach mich mit einer tiefen Stimme an.

„Du da! Wie ist dein Name?"

„Elena", antwortete ich.

„Aha. Elena also. Ich bin Lash. Und das sind Mia, Luis, Sam, Ann, David und Steve. Wir wollten dich fragen, ob du mit uns in den Park gehen willst? Wir wollen Pflicht oder Wahrheit spielen und es wäre toll, wenn du dabei wärst." Eigentlich wusste ich genau, dass ich nicht durfte. Meine Mutter wollte immer, dass ich pünktlich um 15:00 Uhr zu Hause war. Aber... heute machte sie Überstunden und würde erst um 17:30 Uhr heimkommen, und mein Vater interessierte sich sowieso nicht für mich. Es würde niemand merken...

Der Gedanke war verlockend, endlich einmal etwas zu unternehmen, das Spaß machen könnte. Vielleicht fand ich ja sogar ein paar Freunde? So beschloss ich, mit „ja" zu antworten.

Wir gingen eine Weile. Ich fühlte mich etwas unwohl und hatte das Gefühl, etwas sagen zu müssen. Also fragte ich: „Wie funktioniert das Spiel Pflicht oder Wahrheit?"

146

„Es ist nicht wirklich schwierig. Du wirst von irgendjemanden gefragt „Pflicht oder Wahrheit." Dann hast du die Wahl. Bei Pflicht musst du das tun, was dir gesagt wird und bei Wahrheit musst du die Frage beantworten die dir gestellt wird", sagte Ann mit einer fast abnormal fröhlichen Laune. Luis ging ein Stück voraus und meinte dann: „Hey, ihr Quasseltanten, wir sind da."

Der Park war groß und es gab viele Schaukeln und Sandkisten. Ein Stück weiter hinten ging ein steiler Abhang nach unten, wo man klettern konnte. Es waren mindesten 15 Meter!

Sie setzten sich der Reihe nach ins Gras. David holte sogar einen Lügendetektor aus seinem Rucksack. „Damit bei Wahrheit niemand lügt! Sonst kriegt derjenige einen Stromschlag!" Mir wurde mulmig zumute. Ein Lügendetektor mit Stromschlag?! Das war übertrieben. Sollte ich mir vielleicht irgendeine billige Ausrede einfallen lassen und nach Hause gehen? Doch bevor ich beginnen konnte, eine Geschichte zu erzählen, sagte Mia: „Steve, du beginnst!"

Steve schaute sich im Kreis um und sagte dann Sams Namen. „Pflicht oder Wahrheit?" Sam entschied sich für Wahrheit. Steve überlegte kurz und entschied sich für die Frage „Was ist das Schlimmste, was du je getan hast?"

Sam legte seine Hand in den Lügendetektor und begann zu erzählen. Ich war schockiert, als Sam berichtete, dass er einmal seiner Schwester in der Nacht die Haare abgeschnitten hatte und dann behauptete, dass es ein Dämon gewesen war, der ihr Haar für einen Zaubertank brauchte, um in der Nacht alle in Zombies zu verwandeln. „Seitdem kann sie nicht mehr einschlafen, ohne ins Bett zu pinkeln" beendete er seine Geschichte, ohne einen Stromschlag zu bekommen. Daraufhin folgten zwei andere Geschichten von Mia und David. Dann kam die erste Pflichtaufgabe für Lash. David sagte zu ihm: „Deine Aufgabe lautet, zu dem kleinen Kind in der Schaukel zu gehen und es runter zu schubsen."

Ohne zu zögern ging Lash zu dem kleinen Mädchen und schubste es brutal von der Schaukel. Sie fing daraufhin lautstark zu weinen an. Ich war empört, dass man so etwas einem Kleinkind antun konnte. Doch um kein Spaßverderber zu sein, schwieg ich wie ein Mäuschen. Ich musste zugeben, dass ich etwas Angst hatte, dran zu kommen. Und als hätte man meine Gedanken gelesen, lautete der nächste Name „Elena". Ich schluckte. Gleich würde ich gefragt werden.

„Pflicht oder Wahrheit?" fragte Lash und hob dabei eine Augenbraue.

Ich wusste nicht, was ich sagen sollte. Bei Wahrheit müsste ich meine schlimmsten Taten und meine privatesten Geheimnisse preisgeben. Und wenn ich lügen würde, stünden mir alle Haare zu Berge. Also war meine Antwort „Pflicht".

Lash dachte kurz nach und sagte dann: „Spring von der Klippe."

Mein Herz setzte einen Schlag aus. Das konnte nicht wahr sein! Ich wusste nicht genau, welches Gefühl in mir aufstieg. Es war eine Mischung aus Entsetzen, Angst und ein wenig Wut. Wie konnte man so etwas von jemanden verlangen.?! Meine Gedanken wurden von Luis unterbrochen. Er schrie schadenfroh: „Angsthase Pfeffernase! Wenn du nicht springst dann gibt's ne auf die Birn!"

Na toll, ich hatte zwei Möglichkeiten. Entweder würde ich verprügelt werden oder ich musste springen. Ich dachte kurz an die Option, wegzulaufen, doch… hier waren Leute, die mit mir spielen wollten. Höchstwahrscheinlich würde da unten eine Matte liegen, und ich würde nicht hart aufprallen. Trotz meinem Versuch, es mir schön zu reden, begann ich zu schwitzen. Ich hatte Angst. Sehr sogar. Auf einmal zog Ann an meinem Ärmel und stupste mich Richtung Abhang. „Komm schon! Sei nicht so!"

Es war entschieden, ich musste springen. Ich wollte nicht und mein Kopf probierte es meinen Beinen klar zu machen, doch sie gehorchten nicht. Ohne nach unten zu schauen, lösten sich meine Füße vom festen Boden.

Ich sprang.

Und genau dann wurde mir bewusst:

Das war KEIN Spiel, sondern Selbstmord. Es war lächerlich, dass ich das tat, was mir fremde Kinder sagten! Und ich hätte bei dem kleinen Kind eingreifen können, doch hatte ich nichts getan. Jetzt war es zu spät, in wenigen Sekunden würde ich auf den harten Beton prallen. Der Abstand zum Abgrund wurde immer kleiner und die Angst immer größer.

Dann spürte ich Schmerzen. So heftige Schmerzen hatte ich noch nie.

Ich hörte, wie Menschen schrien. Doch das ganz weit entfernt. Es wirkte alles auf einmal so... friedlich. Die Schmerzen ließen nach und ich glaubte, ein helles Licht zu sehen.

Dann war alles schwarz.

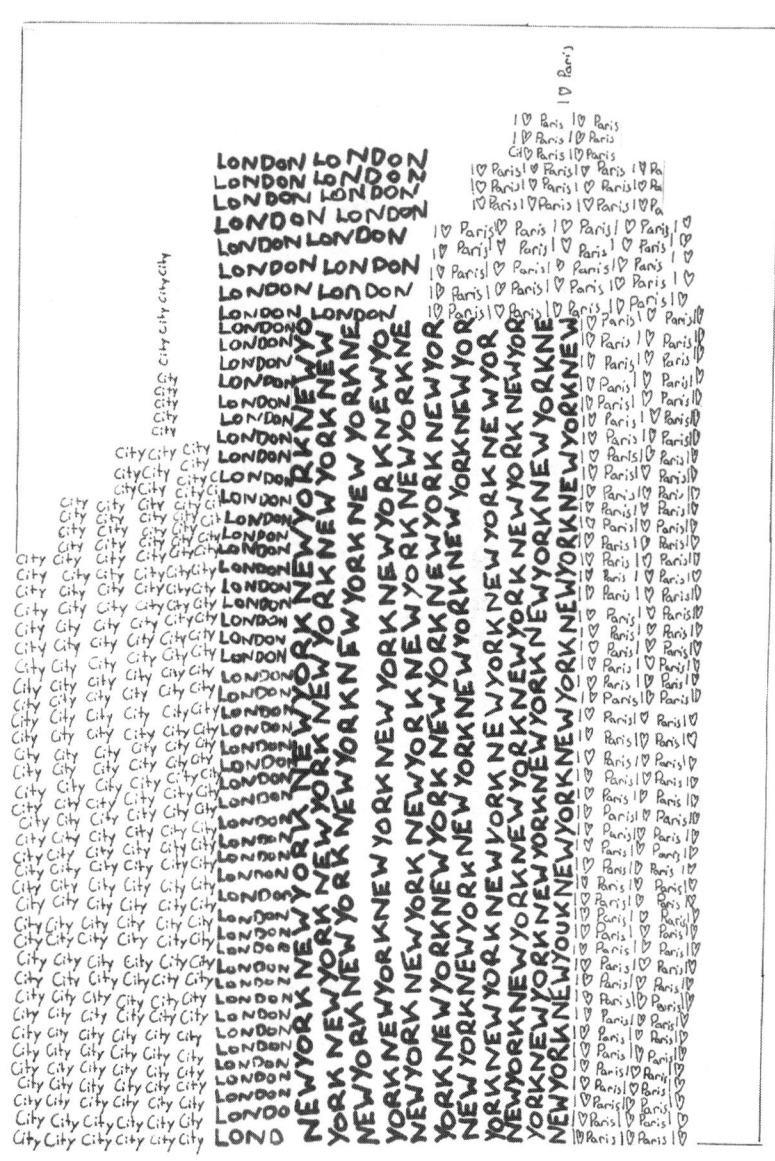

Mona Glantschnig, 10 Jahre

Lena Mayerl
13 Jahre

3. Preis
Jahrgänge 2009-2011

Die vorletzte Schlacht

Es geschah alles so plötzlich. Nachdem wir uns auf dem Schlachtfeld an einem eiskalten Wintermorgen zusammengefunden hatten, hatte der kriegslustige und berühmt-berüchtigte Sir White zum Angriff geblasen und so überraschend gestartet, dass unser Kavalier beinahe vom Pferd gefallen wäre.

Nach kurzer Zeit entbrannten an verschiedenen Stellen des Schlachtfeldes bereits mehrere schreckliche Zweikämpfe. Bei jedem dieser Kämpfe ging es um alles. Der Großteil unserer Armee bestand aus schlecht ausgebildeten Soldaten wie mich. Kurz vor Beginn rekrutierte man uns und schickte uns sozusagen direkt vom Feld in die Schlacht. Die meisten von uns tauschten nur ihre Mistgabel mit einer Waffe. Viele fielen dem Gegner daher schnell zum Opfer oder wurden nach kurzem Einsatz gefangen genommen.

Einer unserer mutigsten und besten Soldaten einer Eliteeinheit allerdings zielte gerade auf die gegnerische Burg und bevor die Soldaten, die dort hin und her schritten, es sich versahen, hatte er einen nach dem anderen schon eliminiert. Er zuckte nicht einmal mit der Wimper und nach jedem erledigten Angriff stürmte er weiter quer durch die Reihen und hielt Ausschau nach dem nächsten Opfer. Mir lief ein Schauer über den Rücken. Worauf hatte ich mich hier nur eingelassen? Ich war in einer Art Schockstarre und hatte mich noch nicht einen Schritt vom Fleck bewegt. Ebenso wie mein bester Freund, Mark Jenkins, stand ich einfach da und sah dem schrecklichen Geschehen, dass sich vor mir abspielte, zu. Ich warf Mark einen ängstlichen Blick zu, als ich sah, wie ein riesiger, furchteinflößender gegnerischer Kavalier vor mir auftauchte und mich mit hasserfüllter Miene anstarrte. Ganz in weiß gekleidet stand er vor mir, wie ein Todesengel. Seine Blicke durchbohrten förmlich meine Rüstung. Noch drei Schritte, dann war er bei mir! Immer noch konnte ich mich nicht aus meiner Angststarre befreien. Der Kavalier hob bereits sein Schwert, doch anscheinend hatte er Mark übersehen. Es war auch verständlich, denn Mark war äußert klein, aber auch sehr schnell und konnte dem Pferd des berittenen Soldaten so ein Bein stellen, dass dieses überrascht umkippte und der Kavalier unter ihm begraben wurde. Einen kleinen Jubelschrei konnte ich nicht unterdrücken und wollte Mark bereits um den Hals fallen, doch im letzten Moment sah ich aus dem Augenwinkel, wie ein feindlicher Elitesoldat unter dem Befehl von Sir White auf einen unserer treuesten Kavaliere zielte. Er war so nahe, dass ich den kalten Dunst seines Atems sehen konnte. Anscheinend hatte er mich noch nicht bemerkt. Augen zu und durch, sagte ich mir und fasste meinen gesamten Mut zusammen. Ich rammte dem gegnerischen Kämpfer meine Waffe so fest in die Seite, wie ich konnte, sodass dieser zusammenbrach und regungslos liegen blieb. Der Kavalier hatte keine Zeit, sich bei mir zu bedanken, denn einen Moment später rannte er auf den Soldaten, den ich wiederum völlig übersehen hatte und der nun mit voller Geschwindigkeit meinen Platz einzunehmen plante, zu. Im nächsten Augenblick lag der Soldat auf dem bereits aufgewühlten Boden. Das war knapp. Eine Sekunde später und ich wäre anstelle des gefallenen Kriegers im Schlamm gelandet. Die Schlacht war in vollem Gange. Ich blickte umher. War das dort Sir White, der sich hinter den Bäumen zu verstecken versuchte? Und neben ihm stand seine Frau, die ihm nie von der Seite wich. Mark hatte es ebenfalls bemerkt. Wir wussten beide, was wir tun mussten. Doch ich war keineswegs damit einverstanden. Als ich ihm das gerade zurufen wollte, war es bereits zu spät. Er hatte sich der Königin genähert und tat so, als wollte er sie bedrohen. Die Frau fiel auf den Trick herein und wandte sich von ihrem Mann ab. Wie in Zeitlupe sah ich wie sie ihr Schwert hob und Mark vor meinen Augen verschwand. Ich wollte schreien aus Wut und Verzweiflung. Jedoch tat ich es nicht, denn ich wollte um keinen Preis, dass Mark umsonst gefallen war. Mit Tränen in meinen Augen lief ich auf Sir White zu und verfolgte ihn immer tiefer in den Wald hinein, bis er plötzlich regungslos auf einer Lichtung am Boden lag. Er hatte keinen Ausweg mehr gesehen und war geschlagen. Ich hatte meiner Armee zum Sieg verholfen.

Eine laute, bebende Stimme ertönte über dem Schlachtfeld: „Revanche?" Da wurden wir alle, sowohl die weiße als auch die schwarze Armee, wie durch Magie an den Ursprungsort der Schlacht zurückgestellt. Mark stand wieder neben mir mit einem breiten Grinsen. Die nächste Schachpartie begann…

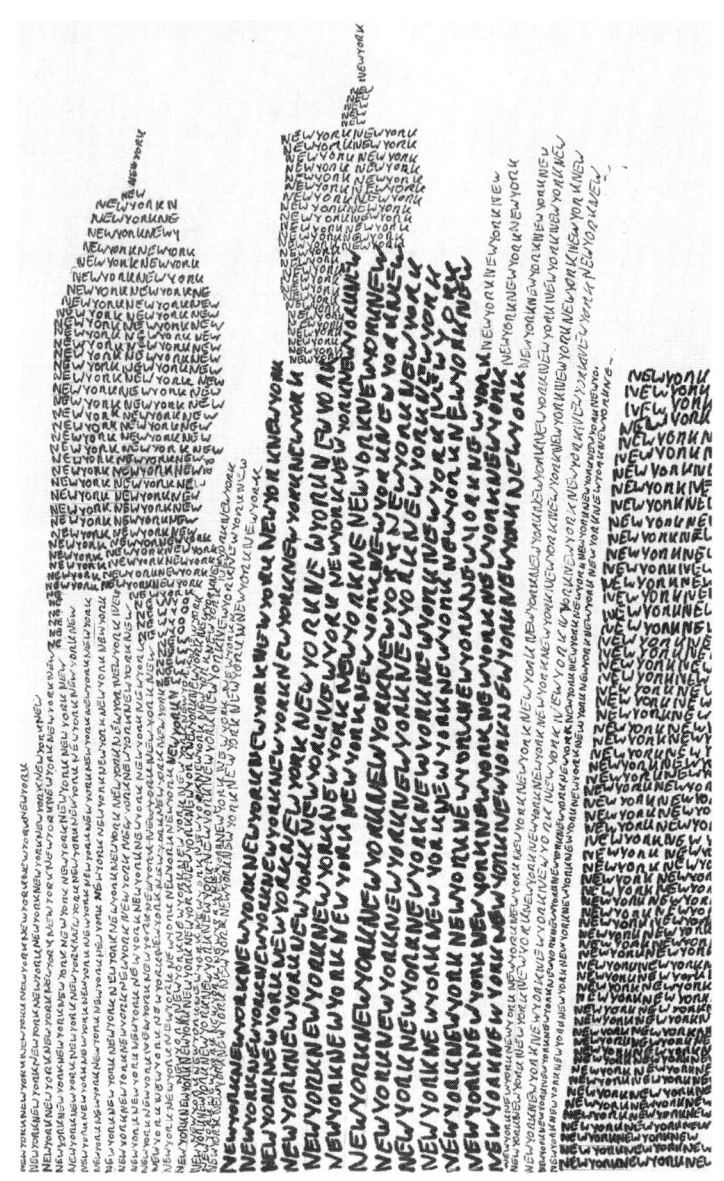

Nikita Schweickhardt, 11 Jahre

154

Konstantin Riss　　　　　　　　　　1. Preis
12 Jahre　　　　　　　　　Jahrgänge 2009-2011

Ich, das Untier

Der Aufzug knarrte und setzte sich rasselnd in Bewegung. Es war pechschwarz, doch eines konnte ich ganz genau sehen: den Eingang zur Hölle. Es roch verdorben und nach Angstschweiß. Die Hitze quälte mich und ich musste mich beherrschen, um nicht in Panik zu geraten. Der Aufzug knarrte noch einmal laut und blieb dann endgültig stehen. Die gewaltige, hölzerne Tür, die mich nur noch wenige Augenblicke von der Arena trennte, wurde nun geöffnet. Das Licht strömte in den Aufzug, grelle Sonnenstrahlen stachen mir in die Augen und blendeten mich. Ich tat einen tiefen Atemzug, schloss die Augen und trat schweren Herzens auf den sandigen Boden des Colosseums von Rom.

Mein Kopf dröhnte. Überall war Geschrei und Gelächter. Manche warfen sogar verfaultes Essen nach mir, für sie war das Ganze nur ein stinknormales „Spiel". Doch ist es ein Spiel, wenn ein anderes Lebewesen, mit dem gleichen Recht zu leben, gequält und sogar getötet wird? Ist es eine unterhaltsame Beschäftigung, anderen beim Sterben zuzuschauen? Meine Meinung: sicher nicht. Hier ging es um Leben und Tod, nicht um ein „Vergnügen". Doch was nützte mir das ganze Philosophieren: Auch das würde ich bald nicht mehr können.

Ich war in meiner Panik so mit diesem Gedanken beschäftigt, dass ich mir der dunklen Gestalten um mich herum zunächst gar nicht bewusst war. Doch plötzlich stellten sich meine Nackenhaare auf und eine große Unruhe durchfuhr meinen Körper. Da entdeckte ich sie. Sie kamen von hinten und von vorne, allesamt mit Speer, Schild und Schwert bewaffnet. Doch das wollte ich mir nicht gefallen lassen. Der pure Lebenswille überfiel mich

155

und knurrend sprang ich den Gladiatoren entgegen. Es waren fünf, nein gleich sechs von ihnen! Aber davon ließ ich mich nicht entmutigen. Mit Gebrüll nahm ich mir den Vordermann vor und biss ihm in die Hüfte. Sein Blut spritzte über meinen Mund. Plötzlich spürte ich einen stechenden Schmerz zwischen meinen Rippen. Der Nebenmann bohrte seine stählerne Schwertspitze bis in meine tiefsten Muskelfasern. Ich taumelte. Jetzt lachten die Zuschauer nur noch mehr. Ich zitterte vor Angst und wollte bereits aufgeben.

Plötzlich vernahm ich eine helle Kinderstimme rufen: „Du schaffst das, ich glaub an dich!" Zunächst dachte ich, es wäre eine Einbildung. Doch als ich dann auf der Tribüne, umgeben von einer johlenden Menschenmenge, ein kleines Kind weinen sah, merkte ich, dass es auch eine andere Art von Menschen gab, eine liebevollere.

Ich fühlte eine neue Kraft und bekam wieder Mut. Deshalb riss ich mich, so gut es ging, zusammen und stürzte mich auf den nächsten Gegner. Doch der hatte mich bereits erwartet, und so prallte ich gegen sein Schild. Ich rappelte mich auf und sprang gegen seinen Nebenmann. Der war darauf nicht gefasst und knallte dadurch mit voller Wucht auf den Boden. Ich nützte den Augenblick und kam hinterher, das Maul auf seinen Hals gerichtet. Ich wusste genauso gut, wie er, dass das sein Ende war. Doch plötzlich, genau in dem Moment, als ich zubeißen wollte, stoppte ich. Da hatte ich wieder das ganze Schlamassel mit meiner Philosophie. Gerade jetzt schoss mir ein für diese Situation etwas unpassender Gedanke ein: „Halt, Moment! Was tue ich denn da? Bin ich tatsächlich gerade im Begriff, ein anderes Lebewesen zu töten? Einen Menschen mit Freunden, Familie, Wünschen, Bedürfnissen, Gefühlen und allem, was dazu gehört? Bin ich – obwohl ich ganz genau weiß, wie es ist, den nackten Tod vor Augen zu haben – völlig erbarmungslos zu so einer Tat fähig? Nein, sicher nicht!"

Ich wandte mich ab. Was sollte mir sein Tod auch nützen?

Meine Wunde schmerzte immer mehr. Jetzt war ich sogar zu schwach, um aufzustehen. Nun war es wohl Zeit, mit meinem kurzen Leben abzuschließen. Ich atmete tief ein. Jeder Atemzug könnte nun mein letzter sein. Doch ich war nicht traurig, nein das war ich nicht, denn dann würde endlich dieser ganze Schmerz um mich herum ein Ende finden. Ich senkte langsam meine Lider und achtete nicht auf das Geschrei der Leute. Ich achtete nicht auf den verwunderten Gladiator. Ich bemerkte nicht, wie einer zum Todesstoß ansetzte. Ich spürte nur einen kurzen Stich und dann war da gar nichts mehr. Für mich war das der eigene Tod, für die Zuschauer nur ein unterhaltsames Spiel.

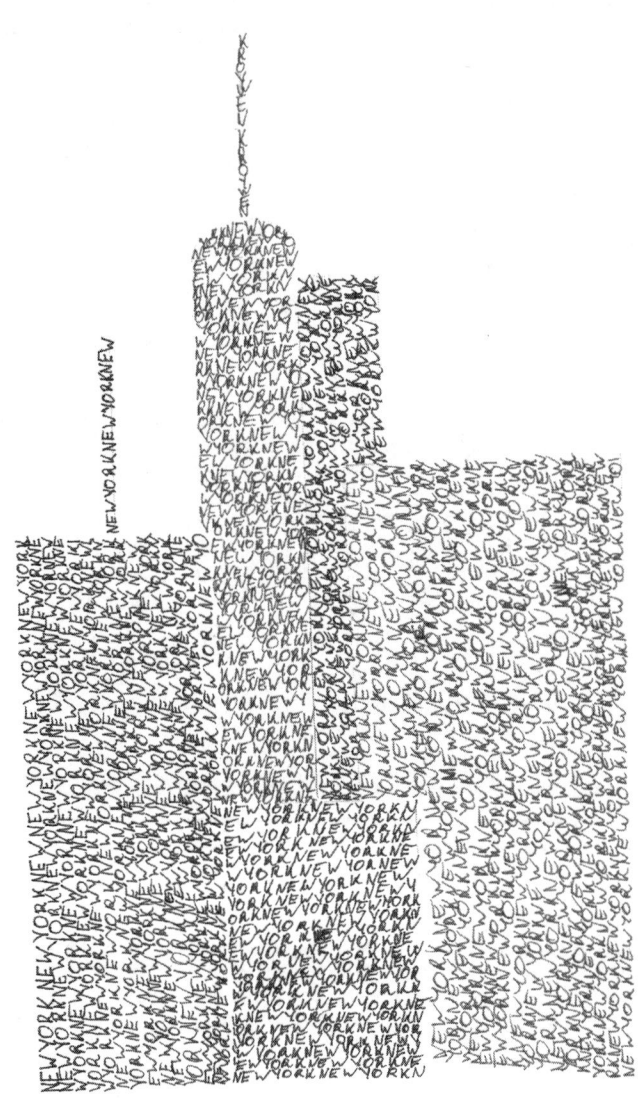

Sophie Laskowsky, 10 Jahre

Das traust du dich nie!

Endlich war Schulschluss. Maximilian machte ein zufriedenes Gesicht. Er hatte eine Kopie von dem derzeit beliebtesten PC-Spiel in der Schule „Das traust du dich nie" gemacht und es für 20 Euro verkauft. „Wenn das so weiter geht", dachte Maximilian, „verdiene ich 100 Euro pro Woche. In ein paar Wochen kann ich mir ein neues Handy kaufen." Sein altes Handy hat nur einen alten, schrecklichen Klingelton und zahlreiche Risse auf dem Display, doch leider wollten Maximilians Eltern kein neues Handy kaufen, solange es noch funktioniert und Maximilian selbst hatte nicht genügend Geld. Er ging schnell zu den Fahrrädern, wo sein bester Freund Alexander schon ungeduldig wartete.

„Endlich bist du da! Wo warst du denn?", rief Alexander ihm entgegen.

„Unsere Mathematik-Professorin hat ein bisschen überzogen!", rechtfertigte sich Maximilian.

„Egal. Treffen wir uns nach den Hausaufgaben wieder bei mir? Wir könnten gemeinsam „Das traust du dich nie" spielen", schlug Alexander vor.

„In Ordnung. Ich läute in eineinhalb Stunden bei dir an!" erwiderte Maximilian. Sie verabschiedeten sich, stiegen auf ihre Fahrräder und fuhren nach Hause. Eineinhalb Stunden später läutete Maximilian wie verabredet bei Alexander an.

Die beiden gingen auf Alexanders Zimmer und fuhren den PC hoch. Sie starteten das Spiel und meldeten sich mit ihrem gemeinsamen Account an. Das Spiel, das sie so gerne spielten, war relativ einfach. Man bekam Aufträge, die man ausführen und welche, die man mit einem Video festhalten muss. Das Video muss danach unter eigenem Account hochgeladen werden, so dass es für jeden, der ebenfalls einen Account besitzt, zugänglich ist.

Der heutige Auftrag für Maximilian und Alexander lautete: Streichelt den bissigsten Hund der Straße. „Oje. Das wird schwer werden", dachte Maximilian.

Der bissigste Hund in unserer Straße gehört Herrn Weber von gegenüber, und er mag das nicht, wenn man ihm oder seinem Hund Hektor nahekommt. Die einzige Möglichkeit war, wenn Herr Weber schon im Bett liegt. „Wir könnten ihn mit einem Leckerli locken", meinte Alexander, „meine Oma hat einen Hund, ich hole welche von ihr."

Nachdem Alexander die Leckerlis von seiner Oma geholt hat, warteten sie ab, bis Herr Weber schlafen ging. Hektor ließ sich leicht locken, weil er sehr verfressen war. Sie holten rasch das Handy heraus und filmten sich während sie Hektor streichelten.

Da die Aufgabe so gut klappte, verabredeten sich die beiden gleich für morgen nach der Schule, um weiter zu spielen.

Am nächsten Tag warteten Maximilian und Alexander fieberhaft auf die nächste Aufgabe. Aber bevor sie diese bekamen, schauten sie sich die Videos der anderen Mitspieler vom Vortag an. Es waren sehr lustige Videos dabei, bei denen es mit der Aufgabe einen bissigen Hund zu streicheln, nicht so glatt lief wie bei den beiden.

Die Aufgabe des Tages ließ aber nicht lange auf sich warten und lautete: Balanciere auf einer Friedhofsmauer, wenn es bereits dunkel ist. Maximilian war etwas mulmig zumute, aber Alexander, der mutiger war, schlug vor, er balanciere und Maximilian solle ihn von außerhalb des Friedhofs filmen. So machten sie sich bei Anbruch der Dunkelheit auf den Weg. Beim Friedhof angekommen stieg Alexander auf die Mauer und balancierte während Maximilian ihn mit zittrigen Knien filmte. Nachdem die Aufgabe im Kasten war, rannte Maximilian nach Hause, Alexander folgte ihm.

In den nächsten Wochen verabredeten sich die beiden fast täglich und erledigten die Aufgaben, die ihnen gestellt wurden. Am meisten Spaß machte es ihnen aber, die Videos der anderen Mitspieler anzuschauen. Es waren sehr lustige Missgeschicke dabei, wie zum Beispiel bei der Aufgabe, einen Hügel mit einem Einkaufswagen runter zu fahren.

Bei einigen Aufgaben war den beiden wieder mulmig zumute, aber sie wollten nicht als Angsthasen abgestempelt werden und machten weiterhin mit.

Die nächste Aufgabe ließ nicht lange auf sich warten. Sie lautete: Übernachte im Neustädter Wald. Sie suchten im Internet die Informationen darüber, wo man im Neustädter Wald übernachten könnte. Das Ergebnis der Recherche war, man darf in dem Wald gar nicht übernachten, da dort viele artgeschützte Tiere lebten. Da Alexander und Maximilian große Tierfreunde waren, kam diese Aufgabe für sie nicht in Frage.

Bereits am nächsten Tag bekamen sie eine Erinnerungsmail, in der geschrieben stand, dass sie, wenn die Aufgabe innerhalb der 48 Stunden nicht erfüllt wird, aus dem Spiel gekickt werden.

Dies machte sie sehr stutzig und sie begannen über das Spiel zu recherchieren. Das war gar nicht so einfach, da der Gründer einen Decknamen benutzte. Nach langer Suche fanden sie eine Firmenadresse, die es tatsächlich in Neustadt gab.

Sie beschlossen am nächsten Nachmittag nach dem Unterrichtsschluss dort vorbeizuschauen. Unter der Adresse fanden sie ein Bürogebäude, welches leicht zugänglich war und aus vielen Büros bestand. An einer Tür stand tatsächlich einer der Decknamen aus dem Internet. Da das Büro leer stand, trauten sie sich hinein. Alexander hielt an der Tür Wache, während Maximilian das Büro durchsuchten. Bevor er etwas fand, huschte Alexander hinein und sie versteckten sich in einer kleinen Nische, die als Garderobe diente. Ein Mann in einem dunklen Pullover betrat das Büro und setzte sich an den Schreibtisch. In dem Moment klingelte das Telefon und der unbekannte Mann ging ran: „Guten Tag Herr Bürgermeister". Die beiden Buben schauten sich verdutzt an. Blitzschnell reagierte Maximilian, zückte sein Handy und nahm das Gespräch auf. Der Mann im schwarzen Pullover redete auf den Bürgermeister ein: „Ja, ich bin dran. Es dauert etwas, da sich anscheinend einige der Kinder nicht trauen oder mit den Tieren solidarisch sind. Ich habe aber schon Drohnachrichten verschickt. Das wird schon. Machen Sie sich keine Sorgen, Herr Bürgermeister. Ich habe alles unter Kontrolle.

Ihr Hotel kann schon bald gebaut werden. Es ist nur eine Frage der Zeit, bis die Tiere das Weite suchen. Dafür werde ich schon sorgen."

Der unbekannte Mann trank einen Kaffee, erledigte noch etwas am Computer. Maximilian und Alexander harrten so lange in ihrem Versteck aus. Erst fünf Minuten, nachdem der mysteriöse Mann das Büro verließ, trauten sie sich aus dem Versteck und liefen aus dem Gebäude hinaus.

Alexanders Onkel Heinrich arbeitete bei der Polizei, so war es klar, dass sie ihn um Hilfe baten.

Er war genauso entsetzt wie die beiden und konfrontierte den Bürgermeister am darauffolgenden Tag damit. Dieser leugnete zuerst alles, aber als Alexanders Onkel ihm die Audioaufnahmen abspielte, war dies zwecklos und er gestand alles.

Im Neustädter Blatt erschien am nächsten Tag ein großer Artikel mit der Überschrift: „Alexander und Maximilian trauten sich Großes und überführten den Neustäter Bürgermeister Herrn Haider." Es wurde ausführlich berichtet, wie mutig die beiden waren und den Neustädter Wald retteten. Es wurde auch darüber berichtet, wie man sich vor solchen Spielen wie „Das traust du dich nie" schützen kann. In der Schule wurde dieses Thema auch ausführlich besprochen, da viele Kinder davon betroffen waren.

Maximilian war erleichtert, dass das Spiel ein Ende genommen hatte, auch wenn er jetzt länger auf sein neues Handy sparen muss.

Sophie Weidinger, 10 Jahre

164

Mira Abel &
Lea Windberger
12 & 13 Jahre

Jahrgänge 2009-2011

ZOMBIE-ATTACKE

Viel Spaß beim Lesen!

Die Ankunft

An einem schönen Tag im Hochsommer war wieder mal der Teufel los, denn das Internat Funberg hatte den ersten Schultag. Viele aufgeregte Schüler tummelten sich am Schulhof. Darunter war auch die wütende Rebecca, die es noch immer nicht fassen konnte, dass ihre Eltern sie einfach auf ein Internat geschickt hatten, nur weil sie ein paar Mal die Schule geschwänzt hatte. Auf einmal rempelte sie ein Junge an. Er strich seine schwarzen, langen Haare aus dem Gesicht und entschuldigte sich bei dem verblüfft wirkenden Mädchen. Der Bub, dessen Name Nick lautete, ging schnell zu seinen Eltern um die Rede des Schulleiters nicht zu verpassen. Währenddessen stand Lisa (ein Mädchen, das auch auf die Schule kam) am Schulhof. Nach der langen Rede durften die Kinder ihre Zimmer im Internat aufsuchen. Zur großen Überraschung kam Nick mit zwei Mädchen ins Zimmer.

Das Kennenlernen

Lisa setzte sich seufzend auf ihr Bett während Rebecca und Nick sich austauschten. Nach einer Weile fragte Nick: „Ist alles okay?" Daraufhin lief Lisa aus dem Zimmer.

„Was hat sie bloß?" fragte sich Rebecca. „Komm, wir durchsuchen ihre Sachen."

Widerwillig stand Nick auf und half dem Mädchen Lisas

Dinge zu durchsuchen. Plötzlich schrie Nick auf „Ich habe etwas!"

Eilig kam sie zu dem Jungen und bestaunte ein wunderschönes Buch, auf dem *Tagebuch* stand. Schnell machten sie es auf. Doch was darin stand war schrecklich, denn Lisa hatte keine Eltern mehr. Anscheinend waren beide bei einem Autounfall gestorben. Die beiden Kinder sahen sich erstaunt an und meinten dann gleichzeitig: „Wir müssen netter zu Lisa sein!". Auf einmal flog die Tür auf und Lisa kam herein. Sie spürte sofort, dass etwas nicht stimmte. Als sie dann das Tagebuch in Nicks Händen sah wurde sie kreidebleich und fragte mit zitternder Stimme „Habt ihr es gelesen?" Beide nickten stumm. Daraufhin sah Lisa wie eine Mischung aus Entsetzen und Erleichterung aus.

Zombies

Zu Mittag saßen die drei schweigend bei Tisch, während die anderen nur über irgendein Spiel redeten. Sie sagten in roboterähnlicher Stimme: „Das Spiel ist so großartig. Jeder sollte es spielen."

Nick scherzte: „Ich glaube nicht, dass alberne Spiele so großartig sind." Daraufhin wurden die beiden richtig aggressiv, als hätte man sie angegriffen. Plötzlich setzten sich noch mehr an den Tisch und wieder redeten sie nur über das Kartenspiel. Sogar als der Direktor die Willkommensrede hielt, redete er nur über das alberne Spiel.

Da ist doch etwas faul, meinte Lisa und schaute sich um. Alle bis auf ein Mädchen und die drei, redeten nur über dieses Spiel. Allmählich wurde das echt gruselig und es wirkte so, als wären alle hypnotisiert oder Zombies.

Die Befragung

Schnell gingen die Kinder zu dem Mädchen. Astrid (das Mädchen) meinte: „Na, wollt ihr auch nur über das Spiel reden?"

„Nein" antwortete Nick beschwichtigend, „wir wollen dich nur fragen, ob dir irgendetwas aufgefallen ist."

„Ja allerdings." antwortete das Mädchen. „Jeder, der das dumme Spiel spielt, ist auf einmal voll komisch drauf. Außerdem ist dieses Spiel uralt."

Lisa kombinierte schnell: „Also, wenn es wirklich so alt ist, wie du sagst, dann findet man bestimmt etwas im Internet oder in der Bibliothek." Schnell teilten sich die vier auf. Astrid und Lisa gingen in die Bibliothek, während Nick und Rebecca im Internet recherchierten. Auf einmal schrie Lisa laut auf: „Ich glaube, ich habe es!"

Schnell kam Astrid zu ihr gerannt. Lisa hielt die Geschichte „Buch der Spiele" hoch. Schnell rannten sie zu den anderen, die leider nicht so erfolgreich waren. Gemeinsam suchten sie nach einem Spiel, das alle dazu brachte, wie hypnotisiert zu sein. Nach etwa 30 Minuten hatten sie endlich so eine Art von Spiel im Spieleatlas gefunden. Lisa las den Artikel laut vor: „Das Spiel namens Zombie-Attacke ist eine seltene Spezies. Sie ist schwer zu besiegen, doch wenn man ein Problem mit dem Spiel hat, sollte man es schnell vernichten. Für das Vernichten benötigt man ein Feuerzeug, dann muss man alle Zombie-Attacken verbrennen. Wenn aber ein Spiel überlebt, bleiben alle Zombies."

DIE SUCHE

Schnell rannten Nick und Rebecca in die Stadt, um ein Feuerzeug zu kaufen, während Astrid und Lisa das Spiel suchten und in das Zimmer von Astrid brachten. Nach zehn Minuten kamen die beiden beim Internat an und liefen schnell zu den anderen. Lisa sagte: „Ich glaube das waren alle Spiele." Die vier Kinder gingen auf den Schulhof und machten bei der Feuerstelle ein Lagerfeuer mit den Spielen. Doch die Zombies blieben Zombies. Anscheinend hatten die Kinder nicht alle Spiele gefunden. Schnell rannten die Kinder zum Internat. Als Nick an dem

Küchenfenster vorbeirannte, sah er das Kartenspiel auf einem Tisch liegen. Flott ging Nick in die Küche und schnappte sich das Kartenspiel. Doch als er wegrennen wollte, stand auf einmal eine riesige Zombiearmee vor dem Jungen. Nick spürte, wie er langsam Gänsehaut bekam und sein Herz zu rasen begann.

Auf einmal standen die drei Mädchen in der Tür und riefen: „Fangt uns doch!" Da drehten sich die Zombies roboterähnlich zu den Mädchen um. Schnell rannten die Kinder von den Zombies weg, während Nick hinaus zur Feuerstelle rannte. Hastig warf er das Kartenspiel ins Feuer.

DIE MYSTERIÖSE GESTALT

Plötzlich spürten die Kinder wie die Erde zu wackeln begann. „Was ist das?", fragte Lisa geschockt. Alle zuckten mit den Schultern. „Wahrscheinlich ein Erdbeben."

Auf einmal kam ein Mädchen in dunklem Gewand zu ihnen herüber.

„Wer bist du?", fragten Lisa und Rebecca gleichzeitig.

„Mein Name ist Ella und ich habe das Kartenspiel erfunden. Ich wollte eigentlich, dass das Spiel Freude und Glück bringt, doch ich hätte niemals geahnt, dass es zu einem Zombiespiel wird. Ich hatte schon alle Hoffnung verloren, dass jemand noch normal ist. Doch dann wurden alle wieder zu Menschen. Ich nehme an, ihr habt alle Spiele verbrannt?"

„Ja klar!" antwortete Nick.

Seitdem wurde das Spiel nie wieder gesehen und die Kinder wurden beste Freunde.

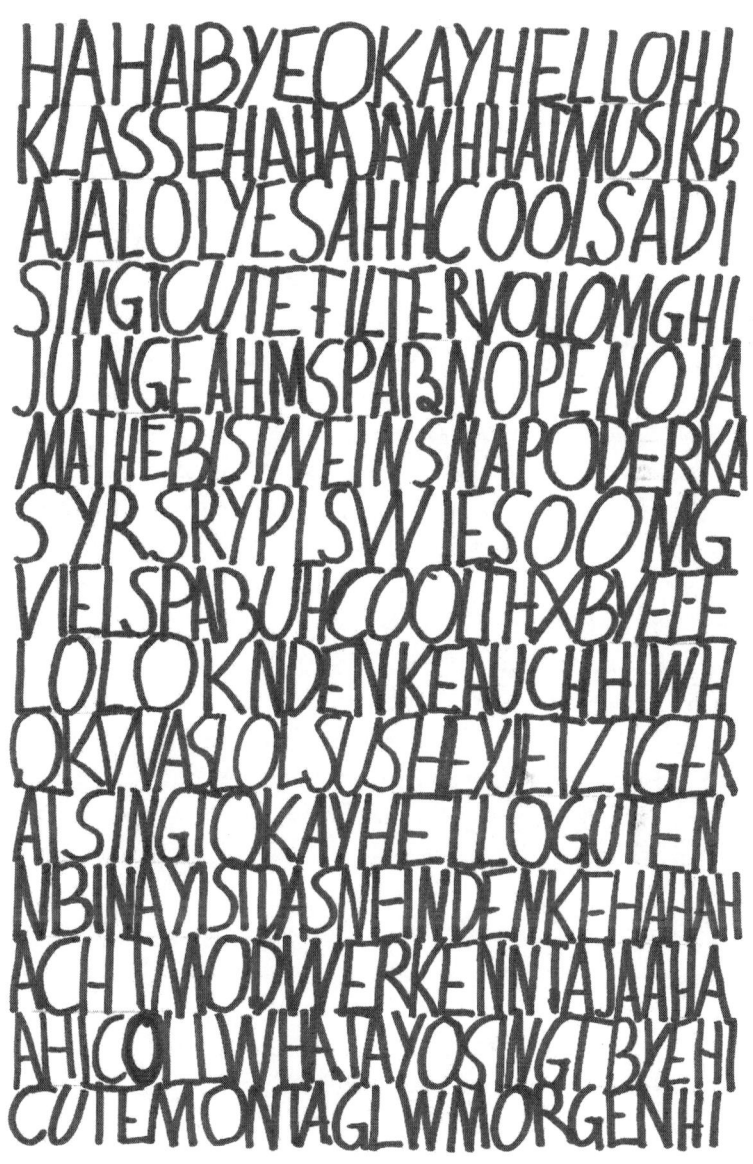

Sumeja Biberovic, 10 Jahre

Laura Chalupecky
13 Jahre

ZUM LEBEN ERWACHT

Ich überlegte. Blieb mir etwas anderes übrig? Von meinem Thron aus beobachtete ich meine tapferen Kämpfer und die Angreifer des verfeindeten Königsreiches. Musste ich meine Landsmänner alleine kämpfen lassen, oder konnte jemand helfen? Doch wem sollte ich befehlen die schwachen Bauern auf dem Schlachtfeld zu unterstützen? Plötzlich lief einer los. Noch nie hatte ich eine solche Geschwindigkeit gesehen, mit der er schräg das Feld überquerte. Ich konnte nur schmunzeln, als mein Feind, der König des schwarzen Tales die Augen zukniff. Ein Bauer seines Volkes starb grausam und mein sportlicher Kämpfer jubelte. Aber wieso blickte er plötzlich so erschrocken? Lange suchte ich nicht nach dem Grund, denn ein lautes Geräusch erklärte es. Ein hoher Turm war beschädigt und Teile davon flogen in Richtung des Läufers. Ehe er sich auch nur irgendwie rühren konnte, wurde er davon erschlagen. Meine Frau hielt sich die Hände erschrocken vors Gesicht. Ich konnte nur versuchen sie zu beruhigen, indem ich ihr erklärte, es gäbe noch andere Chancen zu gewinnen. Aber ihr war die Macht wohl nicht ganz so wichtig wie das Schicksal der Verunglückten.

Die Schlacht war noch lange nicht beendet. Keiner wollte verlieren. Selbst ein weißes Vollblut funkelte die Feinde aus seinen dunkelbraunen Augen kriegerisch an und sah aus, als wolle es aus seinen Nüstern Feuer speien. Es galoppierte los - ohne mein Kommando. Ich ballte meine Hände zu Fäusten zusammen. Wie konnte ein Tier es wagen meine Anweisungen nicht zu befolgen? Die Landsmänner des Königs des schwarzen Tales tuschelten leise etwas. Doch aus meinem Fernrohr konnte ich sie Pläne schmiedend nur beobachten und nicht hören. „Mist", fluchte ich.

„Komm, Pferd, und schließe dich uns an! Jeden Tag frischer Hafer und Wasser!", rief einer der Bauern und trat einen Schritt vor. Meine Frau, die mittlerweile das aufgrund meiner Wut heruntergefallene Fernrohr benützte, stupste mich an. Sie hielt es mir vor Augen und ich beobachtete, dass der Bauer ein Messer hinter seinem Rücken hielt. Dachten sie wirklich, meine Tiere würden sich durch ein Angebot von Futter auf die andere Seite ziehen lassen? Da hatten sie wohl noch nicht gesehen, wie sie bei mir lebten. Doch was, wenn mein Vollblut darauf reinfiel? Ich machte mir immer mehr Sorgen, als es nun auch noch langsamer wurde und sich im Schritt dem Landsmann näherte. Aber es kam alles anders als erwartet. Plötzlich drehte sich das Vollblut um und schlug dem Bauern seine Hufe ins Gesicht. Er schrie auf und fiel zu Boden. Das Tier wieherte und sprang auf den fast leblosen Körper des Mannes. Er war verunglückt.

Doch ich wollte mich nicht zu früh freuen. Ein weiterer, gegnerischer Bauer starrte das Pferd verängstigt aus seinen Augen an und stand wie versteinert da. Ob er das Pferd wohl angreifen würde? Doch der Landsmann hatte zu viel Angst. Da sollte man doch erst mal sein Gesicht sehen! Er konnte nur hoffen, dass das Tier ihn nicht auch noch zusammenschlagen würde. Das Pferd scharrte immer noch böse mit den Hufen und ein junger Mann, der neben der hübschen Frau meines Feindes stand, wurde nervös. Die Frau war natürlich nicht im geringsten so schön wie meine, doch ihr gelocktes Haar machte sie ein kleines bisschen besonders. Der junge Mann wusste nicht recht, was er tun sollte. Vielleicht würde das Tier ihn angreifen, oder gar töten. In seiner Verzweiflung lief er los. Er rannte nicht so schnell wie mein sportlicher Läufer, doch er schaffte es. Er war schon lange an dem Pferd vorbeigekommen, doch er wollte weiter. Auf dem Weg zog er einen Bauern aus meinem Volk mit, der voller Wucht auf den Boden knallte. Er verlor Blut. Ja, viel zu viel. Und ehe jemand zu Hilfe eilen konnte, verblutete er. Keuchend blieb nun auch der Läufer stehen. Es wirkte doch beinahe so, als hätte er nicht bemerkt, dass er gerade einen Mord begangen hatte.

Der Kampf ging weiter. Meine Armee bewaffnete sich und zog los. Der König des schwarzen Tales beriet sich mit seiner Frau, wie ich durch mein Fernrohr sehen konnte. Der junge Mann, der unseren Bauer hatte verbluten lassen, stand immer noch still da und sah seine Chance nicht, mir und meiner Frau näher zu kommen oder uns gar zu töten. Wäre er schlauer gewesen, hätte es für uns schlimme Folgen gehabt. Doch stattdessen konnte meine Frau nun mit Pfeil und Bogen auf ihn schießen. Tot. Sie eilte zu dem Pfeil. Doch man konnte schon wieder einen Lärm hören. Ein Turm fiel. „Bleib stehen!", brüllte ich. Man konnte nie wissen, wie weit er fallen würde. Das Gebäude erschlug einen Bauern. Doch ein großes Stück knallte gegen die Mauern eines hoch errichteten Turmes meines Königreiches. Zuerst geschah nichts. Beinahe wäre es gut ausgegangen. Aber nein. Er fiel vorwärts. Ich kniff ausnahmsweise auch einmal die Augen zu. Teile flogen in alle Richtungen davon. Doch keiner wurde verletzt. Nur mehr ein kleiner Teil meines Turmes war vorhanden. Man merkte, dass er sehr brüchig war und zusammenbrechen würde, wenn man ihn auch nur brührte.

Voller Schreck rannte meine Frau zurück und hob ihr Kleid ein wenig an, damit es nicht auf dem Boden streifte und den ganzen Schmutz mitführte. Nachdem ein gegnerischer Bauer beschloss seinen Weg weiter in Richtung meiner Kämpfer zu machen, entschied sich mein ungehorsames Pferd, einen Sprung zurück zu machen, denn es hatte keine Kraft mehr den Landsmann neben ihm zu erschlagen. Offensichtlich war dieser sehr dankbar dafür, denn in seinen Augen sah man die fürchterliche Angst vor dem Tod. Letztlich traute er sich wieder ein paar Schritte zu gehen. Dies fand ich gar nicht gut, denn wieso sollten noch mehr Angreifer näher an mein Volk kommen? Ich befahl einem meiner Bauern dem Anderen entgegen zu kommen. Doch mit einem Schlag ins Gesicht fiel dieser zu Boden. „Für mein Volk!", rief der Landsmann des Königs des schwarzen Tales. Und während auch noch die letzten Stücke des Turmes zerfielen, brachte der Bauer einen Weiteren von meiner Seite um. Es reichte! Zwei Tote am Stück waren genug! Meine Gattin sah dies genauso und wieder spannte sie den Pfeil in den Bogen und schoss. Getroffen.

So zog ein anderer Landsmann des Feindes los, aber man sah ihn nur von Weitem. Also keine Gefahr. Ein Pferd der anderen Seite verblutete, denn der zerfallene Turm, der nun seinen Geist fast komplett aufgegeben hatte, war daran schuld, dass sich eine scharfe Spitze des Daches in den Bauch des Tieres bohrte. Noch immer flogen Teile umher und man konnte nur warten, bis der oder die Nächste sterben musste. Ich rieb mir die Hände. Bis jetzt lief es ganz gut für mich! Der gegnerische Landsmann von zuvor schritt weiter voran. Nun mischte sich auch meine Frau wieder ins Kampfgeschehen ein. Zielsicher schoss sie auf einen Kämpfer meines Feindes. Sie begab sich dadurch in gefährliche Nähe der Königsfamilie des schwarzen Tales. Würde ihr etwas zustoßen? Die Gattin meines Gegners warf eine Bombe. Sie landete genau auf meiner Frau. Ich hörte ein lautes Geräusch. Weg war sie. Eigentlich konnte ich nichts sagen. Ich war sprachlos und wollte Rache. Wie konnte sie es wagen meine Frau umzubringen? Ich nahm das Spiel selbst in die Hand und warf alle möglichen Dinge in meiner Reichweite auf den empfindlichen Turm, der einst nicht weit neben mir stand. Ich wollte die Dame töten. Die letzten Stücke des Turmes sollten auf sie fallen. Doch es kam alles anders. Ich verlor die Kontrolle. Die Teile sollten auf die Dame fallen, doch sie wirbelten in andere Richtungen. Ich fluchte und schrie. In meiner rachsüchtigen Art merkte ich nicht, dass es gut gewesen war, die Frau des Königs nicht zu töten. Ein Brocken flog in Richtung ihres Mannes. Mein Volk jubelte. Da sah ich es! Mein Feind lag tot neben seinem Thron. Ich hatte ihn umgebracht. Ich, der König des weißen Tales hatte die Schlacht gewonnen! Wir feierten und tanzten.

Doch nicht lange. Wir mussten erstarren. Zwei Hände packten einen nach dem anderen und legten uns in eine schön verzierte Holzkiste. Eine Stimme wirkte genervt und murmelte: „Mehr Glück als Verstand!"

„Aber Opa, es war doch nur ein Spiel!", rief eine andere. Mein Volk und ich bewegten uns wieder, als wir in der Kiste verschlossen in das uns vertraute Regal zurückgelegt wurden. Der König des schwarzen Tales wurde mit seinem Volk in einer anderen Kiste verstaut. Nun erwachten auch die Opfer der Schlacht und wir feierten gemeinsam unseren Sieg. Von nebenan hörte man die Feinde schluchzen.

Das Schachbrett wurde zusammengeklappt. Und wir freuten uns. Wir waren uns sicher, das Volk des schwarzen Tales auch weiterhin ins Verderben stürzen zu können.

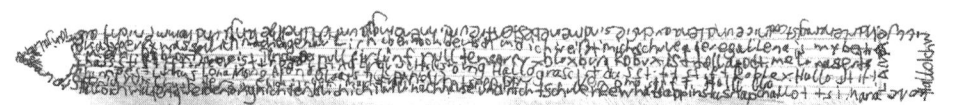

Tanja Hänke, 10 Jahre

DAS LEBEN

Wenn man das Wort „Spiel" hört, denkt man wahrscheinlich zuerst an ein Brett- oder Ballspiel. Dabei vergisst man das größte Spiel der Welt zu berücksichtigen: das Leben.

Denn auch im Leben kann man verlieren oder gewinnen. Es ist nicht nur ein Strategiespiel oder ein Glücksspiel. Es kann allein oder aber auch mit beliebig vielen Mitspielern gespielt werden. Doch das Wichtigste bei jedem Spiel ist, dass man Freude daran hat. Und dafür ist das Leben da. Oft will man das Beste oder will gewinnen und man vergisst, dass man die ganze Zeit schon gewonnen hat. Denn der größte Gewinn, den man haben kann, ist es zu leben. Doch das Leben muss nicht immer ein schönes Spiel sein. Man kann auch einmal einen falschen Zug machen, und dann geht alles schief. Wichtig ist, dass man immer nach vorne sieht und nicht vergisst, dass man jeden Tag genießen sollte, mit den Menschen, die noch im Spiel sind, denn man weiß nie, wann das nicht mehr geht.

In dem größten Spiel der Welt, dem Leben, gibt es jedoch auch jede Menge an Kategorien. Zum Beispiel die Liebe. Sie ist immer ein Rätsel und etwas sehr Heikles. Oder aber auch das Selbstbewusstsein. Man muss bei jedem Spiel an sich glauben, um weiterzukommen. Natürlich sind auch die Macht und die Gier eine eigene Kategorie in diesem Spiel. Denn jedes noch so kleine Geschöpf strebt danach und so kommen dann Auseinandersetzungen und sogar Kriege zustande.

In Filmen hört man oft: „Was für ein böses Spiel" oder „Lasst das Spiel beginnen" und immer wieder denkt man sich dann vielleicht: Was, wenn die Recht haben? Und hier ist die

Antwort. JA, das Leben ist ein einziges Spiel, das noch lange nicht fertiggespielt wurde. Und jede Frau, jeder Mann, jedes Kind, jedes Wesen bringt das Spiel ein Stück weiter. Auch wenn man das Lebensspiel allein spielt, ist es erlaubt, jemanden bei sich zu haben, der einem hilft. Um Hilfe zu fragen ist keine Schande. Im Gegenteil. Man kann nicht immer alles allein schaffen. Nimm Hilfe an, wenn sie dir geboten wird! Wie der alte bekannte Spruch schon sagt: Es ist noch nie ein Meister vom Himmel gefallen. Und oft ist Hilfe das, was uns stützt im Leben. So wissen wir, dass wir nicht allein sind, und das ist gut. Für unser Herz. Fühlst du dich einmal traurig oder allein, dann stell dir vor, dass du ein anderes Spielbrett betrittst, dass du das allgemeine Spielbrett verlässt und eine Zeit lang nur auf deinem eigenen, persönlichen Spielplan weitermachst. Dort wo du jeden liebst und dich jeder liebt. Doch in der echten Welt - und glaub mir - wird es immer jemanden geben, der dich liebt, aber leider auch immer jemanden, der dich nicht leiden kann. Nicht weil du nicht großartig oder nicht schön genug bist, sondern weil es in unserer Natur liegt, immer jemanden besiegen zu wollen. Mach dir über solche Leute keine Gedanken! Ich weiß, auch das ist ein Gedanken- und Gefühlsspiel in dir, aber dann musst du probieren stark zu sein

Wusstest du, dass du fast jede Sekunde denken musst? Und wenn du schon denkst, dann denke immerhin positiv! Das Lebensspiel ist noch lange nicht vorbei. Gibst du jetzt auf, wirst du nie mehr zurückfinden. Ich glaube, dass man selbst immer einen Grund finden kann, um traurig zu sein. Aber man kann auch immer einen Grund finden, um glücklich zu sein. Und schlussendlich ist es das, was zählt. Manchmal gibt es Momente, wo man sich am liebsten in Luft auflösen oder einfach nur schreien, weinen oder schluchzen möchte. Dann kann man diesem Menschen nicht sagen: Alles wird gut, beruhige dich! Ich kenne dieses Gefühl. Der Gedanke, immer glücklich zu sein, passt für einen Menschen nicht. Es wird immer Negatives geben, doch wie ich vorhin schon sagte: Kopf hoch, denn es gibt viel zu sehen! Glaub immer an dich selbst, ansonsten kannst du nur verlieren! Und dann gibt es noch einen äußerst heiklen Part. Die Wahrheit und die Lüge. Das sind die Zutaten, die dazu beitragen, ob Vertrauen aufgebaut werden kann oder nicht. In jeder Beziehung ist das Vertrauen das Wichtigste. Wahrheit und Lüge kommen nicht von Gott und Teufel, wie es viele denken, nein, es kommt von der Seele in dir. Es ist vollkommen dir überlassen, ob du jemandem etwas Richtiges oder etwas Falsches erzählst, aber es ist nicht deine Entscheidung, wie derjenige reagieren wird. Also würde ich dir raten, auf den Spruch zu hören, der überall bekannt ist: Was du nicht willst, dass man dir tu, das füg auch keinem anderen zu.

Glaub mir, du kannst in diesem Spiel aber auch immer besser werden. Und du musst es nicht mit Schummeln probieren, indem du versuchst, die anderen auszutricksen. Der einzige Weg, besser zu werden, ist, an dir selbst zu arbeiten, dir Ziele vorzunehmen, und auch wenn es komisch klingt, dir selbst Grenzen zu setzen. Hab Vertrauen in dich! Dein Gehirn, dein Herz und deine Seele wissen im Endeffekt immer, welcher Weg dich im Spiel weiterbringt. Folge keinem, nicht einmal deinen besten Freunden/innen! Denn nur du allein weißt, welcher Weg für dich der Beste ist. Und am Ende jedes Spieles gibt es die Entscheidung, ob du gehst oder bleibst. Leider kann man sich diese im Lebensspiel nicht aussuchen. Früher oder später muss man gehen - du weißt nie, wann das Spiel für dich vorbei ist. Und egal wie traurig es dann sein wird, eines wird immer wichtig sein. Und zwar die Frage: Wie war dein Leben?

Ich hoffe, dass du bemerkt hast, dass man aus jeder Tragödie etwas Gutes machen kann und dass du am Ende jedes Spieles sagen kannst, dass sich dieses Spiel gelohnt hat.

Mal sehen, wie die nächste Runde verlaufen wird…

Yan Gu, 12 Jahre

179

Vom Paradies zur Hölle

Ich lebte unbeschwert und glücklich in meinem bescheidenen Haus in einem friedlichen Dorf. Es war eine nette Dorfgemeinschaft, mitten in den Weinbergen. Für mich fühlte es sich an wie der schönste Platz auf Erden, schon fast paradiesisch. Plötzlich hörten wir einen ohrenbetäubenden erschreckenden Lärm, die Römer fielen in unseren kleinen Wohnort ein. Sie brannten alles was mir lieb und wert war ab oder nahmen es als Beute mit. Selbst uns Menschen versklavten sie und brachten uns nach Rom. Die Lastwägen, mit denen sie uns transportierten, waren voll mit Ratten und Krankheiten, viele meiner Freunde starben schon auf dem Weg. Solche menschenunwürdigen Taten waren mir bis jetzt unbekannt. In Rom angekommen, priesen die Händler uns auf dem menschenreichen Wochenmarkt an. Ich hatte schreckliche Angst und fühlte mich alleingelassen. Das Unglück war auf meiner Seite, denn die Gladiatorenschule ersteigerte mich. Ich trainierte dort ein ganzes Jahr lang. Es war der schlimmste Abschnitt meines Lebens. Ich hungerte und kämpfte. Eines Tages kam mein Besitzer zu mir. Er verkündete mir lauthals lachend meine Bereitschaft zum Kampf. In mir erstarrte alles, war ich wirklich schon bereit? Körperlich vielleicht, aber könnte ich zum Mörder werden? Ich wurde in das Colosseum gebracht und sollte dort um mein Leben bangen.

Bald würde das Spiel um mein Leben im Colosseum beginnen. Ich wurde zu einem Murmillo gemacht, ein Gladiator ausgerüstet mit einem kleinen sehr tödlichen spitzen Kurzschwert namens Gladius, silberglänzendem Helm, rotem Federbusch und abgerundetem Schild. Durch dieses Erscheinungsbild fühlte ich mich groß und stark wie noch nie zuvor. Mein Gegner, ein Retiarius, hatte einen glänzenden furchteinflößenden goldenen Dreizack, wie Gott Neptun und ein Fischernetz. Ich stand vor dem verschlossenen furchteinflößenden eisernen Tor, das den Weg zur Hölle bereitete. Es begann sich langsam knarrend emporzuziehen. Mein Herz pochte, als würde es mir meine Brust zersprengen. Die Sonne brannte mit ihren sengenden Strahlen in meine Augen, für einen kurzen Moment erblindete ich. Neben mir schritt mein Gegner, der Retiarius. Zusammen in der Mitte der Arena angekommen, grüßten wir Cäsar: „Heil dir, Cäsar, die Totgeweihten grüßen dich." Der Schiedsrichter ließ die Posaunen ertönen, somit war das tödliche Spiel eröffnet. Wir umkreisten uns lauernd, mit den Jubel- und Buhrufen im Nacken. Der Retiarius stach, ohne zu zögern mit seinem Dreizack in mein Bein, ich spürte schmerzvoll wie die Waffe tief in mein Fleisch eindrang. Ich sah das Blut hinuntertropfen. Das Publikum grölte laut. Ich riss mir den Dreizack, ohne mit der Wimper zu zucken, aus dem schmerzenden Bein und stach mit meinem messerscharfen Schwert auf meinen Gegner ein. Er hatte nur noch sein riesiges Fangnetz zur Verteidigung. Ich hieb ihm seinen rechten Fuß ab, er fiel stolpernd und schutzlos zu Boden. Daraufhin hielt ich ihm mein Kurzschwert an seine pulsierende Kehle und blickte erwartungsvoll zu Cäsar und den Zuschauern hinauf. Es war besiegelt, Cäsar hielt eindeutig seinen Daumen nach unten. Es tat mir leid, dass ich ihn töten musste. Doch dieses Spiel des Lebens musste ich für mich gewinnen. Meinen tödlichen Gladius bohrte ich schnell und tief in seine Schlagader, er musste kaum leiden, das Blut spritzte in alle Richtungen und eine Blutlache breitete sich zu meinen Füssen aus. Seine blauen Augen wurden plötzlich glasig und sein Kopf sank schwer zu Boden. Bei diesem grausamen Spiel ging ich als Sieger hervor. Der Schiedsrichter beglückwünschte mich, überreichte mir einen Lorbeerkranz und eine glänzende Pfauenfeder. Ich fühlte mich schuldbewusst und dennoch glücklich, was hätte ich auch anderes tun können. Nur einer kann gewinnen. Ich verließ das Spielfeld als freier Bürger. Doch das war ein teurer Preis, denn dieses Erlebnis wird mich lebenslang verfolgen.

Valerie Kratky
13 Jahre

3. Preis
Jahrgänge 2009-2011

Nur Spaß!

Als ich in der Früh aufwachte, tropften dicke Regentropfen an mein Fenster. Müde schlug ich meine verschwollenen Augen auf. Draußen war alles grau und trüb. Ein typischer, verregneter Novembertag. Ich musste mich lange überwinden bis ich endlich aus dem Bett kroch. Es war ein Alltagsmorgen. Ich frühstückte, zog mich an, putze mir die Zähne und packte meine Schultasche. Als ich gerade aus dem Haus stürmte um die Straßenbahn zu erwischen, rief mir Mama noch schnell hinterher: „Hab einen schönen Schultag David!"

„Ja hab auch einen tollen Tag", antwortete ich hastig und schloss die Tür.

Wie jeden Morgen traf ich Ben in der Straßenbahn. Wir redeten über alles Mögliche. Da stach mir eine Gestalt ins Auge. Ich kannte sie. Es war ein Mädchen aus unserer Klasse. Sie hieß Isabell. Eigentlich kannte ich sie ganz gut. Wir waren im selben Kindergarten gewesen. Besonders gut hatten wir uns zwar nie verstanden, aber als ich am Beginn des ersten Schuljahres auf der neuen Schule die Klassenliste sah und jemanden kannte, war das schon eine ziemliche Erleichterung gewesen. Anfangs machten wir manchmal etwas zusammen. Doch mittlerweile waren drei Jahre vergangen und ich hatte neue Freunde gefunden und sie hatte ebenfalls andere Freunde. Mir war zwar bewusst, dass man mehrere Freunde haben kann, aber irgendwie waren wir nicht in so ähnlichen Freundschaftsgruppen. Sie gehörte eher zu den Ruhigen in der Klasse. Und ich und ein paar andere zogen eher die Aufmerksamkeit auf uns. Wenn Isabell und Jonas dann versuchten bei uns mitzumachen, gaben wir ihnen eher eine Abfuhr. Aber das ist auch unser Recht. Ich meine die beiden konnten schon ganz schön nerven. Naja....

„Hey, schau mal! Da ist Isabell. Die glotzt uns ja voll dumm an. Hat die nichts besseres zu tun und kann mit jemanden reden. Ach nö! Die hat ja keine Freunde", riss mich Sophie aus meinen Gedanken. Ich hatte sie gar nicht bemerkt. Gerade wollte ich Isabell in Schutz nehmen und sagen, dass sie Freunde hat und hinschauen darf, wo sie möchte, doch plötzlich begann auch Ben zu lästern:

„Ja voll! Und wisst ihr, noch gestern in Sport? Heulalarm, nur weil sie ein Ball getroffen hat." Das war mitten im Gesicht dachte ich. Aber ich wollte jetzt auch nicht der Uncoole sein, der sie in Schutz nahm. Außerdem war das ja nur Spaß. Da bemerkte Isabell dass wir sie anstarrten. Unsicher winkte sie uns. Doch wir drehten uns einfach weg und redeten über etwas anderes, so als ob wir sie nicht gesehen hätten.

Die ersten Stunden zogen sich lange. Als endlich die Pausenglocke läutete, war ich sehr erleichtert. Alex und Markus begannen beide laut zu schreien. Sie waren zwar meine Freunde, doch manchmal konnten sie echt übertreiben. Außerdem wollte man lieber nichts gegen die beiden sagen. Sie wurden nämlich echt schnell aggressiv. Alex drehte sich zu meinem und Bens Tisch um.

„Natürlich haben unsere beiden Streber mal wieder eine Eins in Mathe. Die haben halt auch nichts anderes als lernen zu tun." Er lachte fies und warf eine Papierkugel in die Richtung von Isabell und Jonas. Es war klar, dass so ein Kommentar kommt, weil er sauer wegen seiner Vier in Mathe war. Ich hatte eine Drei und etwas eifersüchtig war ich schon. Es nervte, dass die beiden immer die perfekten Noten hatten. Er starrte mich an, als ob er auf eine Antwort wartete. Und schon begannen wir uns aufzuregen und herum zu schreien.

„Beeil dich du Loser", schrie Markus vor der fünften Stunde. Plötzlich nahm er Bens Biologiesachen und schmiss sie auf den

Boden am Gang. Als Ben sich zerknirscht hinunter beugte um sie aufzuheben, boxte Alex ihm in den Oberschenkel. Markus und Alex lachten vergnügt. Ihr Lachen verstummte jedoch, als sie bemerkten dass unsere Lehrerin hinter ihnen stand.

„Was sollte das? ", fragte sie aufgebracht und ihre Miene verfinsterte sich. Sie sah Markus und Alex streng an. Schnell half Alex Ben auf und lächelte unschuldig. Markus begann zu erklären:

„Frau Professor, vielleicht sah das stärker aus als es war. Aber keine Sorge, das war nur Spaß. Das ist nur ein Spiel. Stimmts, Alter?" Er drehte sich zu Ben um und sah ihn drohend an

„Ehmm … Ja alles gut", sagte Ben mit einem erzwungenen Lächeln. Doch ich sah ihm an, dass ihm sein Oberschenkel weh tat und er nicht die Wahrheit gesagt hatte. Mit einer kurzen Predigt und ein bisschen Herumgeschimpfe ging unsere Lehrerin auch ins Lehrerzimmer um dort ihre Freistunde zu genießen. Sobald sie um die Ecke gegangen war, meinte Alex: „Boah, die Alte versteht auch gar keinen Spaß."

„Zum Glück bist du nicht so eine Heulsuse wie Isabell"; sagte Markus und stieß Ben in die Seite. Ben lächelte nur gequält.

Endlich war die Schule aus. Als ich zu Hause ankam, sah meine Mama mich besorgt an. „Hast du auch blaue Flecken?"; fragte sie besorgt. Bens Mutter hatte sie angerufen und ihr erzählt, dass ihr Sohn am Bein ganz blau war. „Was war heute denn los?", meinte Mama aufgebracht.

„Ach nichts! Das war glaub ich nicht so gemeint. Die meinen das immer nur zum Spaß." Nachdem ich das gesagt hatte, bereute ich es sofort. Denn Mama regte sich nur noch mehr auf. „Dieser Alex und dieser Markus machen sowas öfter. Das ist ja unglaublich. Haben die sowas auch schon mal mit dir gemacht?" Manchmal waren sie schon etwas grob und boxten mich, aber nur zum Spaß. Abweisend stocherte ich in meinen Spaghetti herum.

„David!", sagte Mama streng. Das ganze Mittagessen redeten wir darüber. Mama meinte, ich sollte mich bei so Jungs wehren und ihnen zeigen, dass das so nicht geht. Aber das wäre irgendwie komisch. Außerdem wäre es uncool zu sagen, dass ich nicht in die Seite gestoßen werden will. So schlimm war das ja auch nicht.

In den nächsten Wochen wurde dieses Problem leider auch nicht aus der Welt geschaffen. Alex und Markus hatten Spaß daran die anderen aus der Klasse niederzumachen. Sogar Sophie machte mit. Es wirkte als wäre es ein Spiel für die Drei, anderen den Tag zu vermiesen. In den Pausen schrien sie herum, beleidigten Kinder und benahmen sich nicht nett. Besonders Isabell und Jonas ließen sie keine Ruhe. Drei Wochen sah ich das jetzt schon mit an. Ich hatte Kopfschmerzen, und auch wenn sie ihre Beleidigungen nicht ernst meinten, verletzten sie mich trotzdem.

Heute in der Pause warfen sie mit einer Plastikflasche herum. Plötzlich traf mich die Flasche hart am Kopf. Doch Alex, Markus und Sophie bemerkten es nicht einmal. Eine Entschuldigung war auch nicht zu erwarten. Am liebsten wäre ich aufgestanden und hätte ihnen meine Meinung gegeigt. Wie konnte ich nur mit so jemanden befreundet gewesen sein? Ein grausamer Gedanke machte sich in meinen Kopf breit. Hatte ich mich vor ein paar Wochen auch so aufgeführt? Ich musste etwas unternehmen.

Nach der Schule kamen Isabell und Jonas auf mich und Ben zu. „Alles Okay? Geht es deinem Kopf schon besser?", fragte Jonas. Wie nett und aufmerksam. Wir hatten einen tollen Heimweg zu viert. Außerdem entschuldigten ich und Ben uns für unser nicht so nettes Verhalten gegen Isabell und Jonas. Wir redeten auch über Alex, Markus und Sophie und einigten uns, dass die drei kein guter Umgang für uns waren. Wir überlegten uns einen Plan um das Spiel, das die Drei mit uns spielten, zu stoppen.

Am nächsten Tag fuhren wir zu viert in die Schule. Jetzt erst bemerkte ich, dass ich, Ben, Isabell und Jonas eigentlich voll auf einer Wellenlänge waren. In der Schule führten wir unseren Plan durch. Zu viert sprachen wir mit Alex, Markus und Sophie. Natürlich verstanden sie nicht genau, was wir meinten, doch wir würden einfach zusammen halten, uns verteidigen und ihnen nicht die Macht über uns geben. Denn, wenn man zu sich stand und an sich glaubte, konnte man alles schaffen. Noch dazu mit lieben und netten Menschen an seiner Seite.

Basiert auf einer wahren Geschichte (etwas umgeändert)!

Yul Marie Rana, 10 Jahre

DUELL DER FINSTERNIS

Die Sonne schien trüb, als ich weinend vor dem gerade erst gegrabenen Grab meiner Eltern stand. Ja ich weiß, es ist unwahrscheinlich, dass sie beide zur gleichen Zeit gestorben sind, aber in dieser Geschichte werden noch viel seltsamere Dinge passieren. Naja, wo war ich? Ah ja genau, also ich stand weinend vor dem Grab meiner Eltern. Als ich die Nachricht vom Tod meiner Eltern erhielt, war ich in meinem Haus. Nach der Beerdigung musste ich zum Notar, um mein Erbe anzutreten. Meine Eltern vererbten mir ein Haus, das ich seit Jahren nicht mehr gesehen habe. Das Haus meiner Kindheit! Plötzlich ergoss sich ein Schwall von Erinnerungen über mich und ich stand nur da, konnte mich nicht bewegen, ich sah mich selbst als Kind wie ich im Wohnzimmer saß und die Hausaufgaben gemacht habe, wie ich mit meinem Bruder Risiko gespielt habe…. all diese Erinnerungen. Naja, nach einer Weile konnte ich mich wieder bewegen und schaute mir das Haus an.

Es schien alles noch in Ordnung zu sein. Jedenfalls fast alles, denn den Dachboden hatte ich mir noch nicht angeschaut. Weil es aber schon langsam Nacht wurde und ich keine Lust mehr hatte herumzuschauen, ging ich in mein altes Zimmer, richtete mir das Bett und legte mich schlafen. Mitten in der Nacht weckte mich ein merkwürdiges Klopfen aus dem Schlaf. Nach einer Weile erkannte ich, dass das Klopfen vom Dachboden kam! Nun konnte ich nicht mehr einschlafen und schaute die restliche Nacht starr vor Angst die Decke an. Als es dann Tag wurde, machte ich mich fertig und ging die Treppe zum Dachboden hoch. Dort war alles verstaubt und durcheinander. Als ich mich weiter umschaute, sah ich den alten Ohrensessel meiner Mutter, ich ging darauf zu, um mich dort hinzusetzen und zu überlegen, was ich mit dem Haus machen würde. Während ich dort saß und überlegte, hörte ich plötzlich ein lautes Quieken und schrak zusammen. In der Richtung aus der das Geräusch kam stand ein Tisch. Es lag etwas auf dem Tisch, dass ich nicht erkennen konnte, weil eine dicke Staubschicht darauf lag. Als ich diese von der Schachtel runterwischte, sah ich den Schriftzug: „Das Spiel der Finsternis".

Ich öffnete die Schachtel des Spieles und war erstaunt über den guten Zustand des Spiels. So beschloss ich, es mit hinunter ins Wohnzimmer zu nehmen. Mit Hilfe der Anleitung versuchte ich herauszufinden wie das Spiel funktioniert.

Es gibt zwei Tore - eins für die Geisterwelt und eins für die Erdenwelt. Eine Person spielt die Geisterwelt, der Gegner die Echtwelt. Jede Welt hat ihre eigenen Karten mit denen man den anderen Spieler besiegen muss. Auf den Karten gibt es einen Angriffswert und einen Verteidigungswert, wenn der Angriffswert größer ist als der Verteidigungswert gewinnt die Karte mit dem höheren Angriffswert. Wenn der Verteidigungswert höher ist als der Angriffswert überlebt die Karte mit dem höherem Verteidigungswert den Angriff. Wenn beide Karten gleich hoch sind, sterben beide. Als ich mir die Tore genauer anschauen und zu dem Geistertor greifen wollte, rutschte ich ab und meine Hand fuhr durch das Tor. Ich fühlte ein merkwürdiges Kribbeln! Als ich an mir herabschauen wollte, sah ich, dass mein Körper anfing sich aufzulösen, dann verlor ich das Bewusstsein.

Als ich wieder aufwachte, lag ich wie vorhin auf einem Teppich, nur die Welt um mich herum schien sich verändert zu haben. Es war zwar noch das gleiche Zimmer, aber alles wirkte plötzlich grau und beängstigend. Die Welt um mich herum fühlte sich extrem kalt, alt und beängstigend an. Nach dem ich diese Gefühle gespürt hatte, begann ich mich aufzurappeln. Neben mir lag das Spiel. Ich trat aus dem Haus hinaus mit dem Spiel in der Hand. Auf der Straße stehend bemerkte ich einen seltsamen alten Mann. Er hatte den Kopf durch eine Schleife gesteckt als würde er sich erhängen wollen. Doch er konnte nicht sterben, weil er schon tot war und an seinem Todesort mit seiner Todesursache stand. Jetzt begriff ich erst, wo ich war. Ich war in der Geisterwelt. Schockiert über diese Feststellung ging ich zurück ins Haus, um mich dort von dem Schreck zu erholen. Nach einiger Zeit ging ich wieder auf die Straße und folgte dem einen Geist heimlich, der sich jetzt in Richtung Stadtmitte aufgemacht hatte. Nach einer Weile erkannte ich den Stephansdom in der Ferne. Der Geist steuerte genau darauf zu. Als ich das bemerkt hatte, ging ich erstmal in eine Nebenstraße, in der es leerer war. Dort entdeckte ich einen Buchladen in dem ich mich fürs Erste versteckte. Ich schaute mir eine Weile die Bücher an und legte mich dann auf dem Fußboden schlafen.

Während des Schlafens wachte ich plötzlich auf, geweckt von einem leisen Schlurfen! Als ich mich umschaute, sah ich im Dunklen eine Gestalt stehen. Alles was ich von der Gestalt sah, waren blutverklebte Hände, in denen ein Buch ruhte! Die Gestalt kam immer näher zu mir und als die Gestalt in den Mondschein trat, erkannte ich sie und ich bemerkte auch in welchem Buchladen ich lag. Es war ein Mann namens Chruschtschow. Als er noch gelebt hatte, hatte er Massenmord begangen. Jeden Menschen, der ihm zu nahe kam, hatte er mit der Kante eines Buchs erschlagen! Nun war ich an der Reihe. Aber bevor er mich erschlagen konnte, wich ich zurück und lief. Ich flüchtete in einen mir unbekannten Teil des Ladens und versuchte mir ein Versteck zu suchen, doch als ich hinter mich schaute war Chruschtschow nur einen Meter hinter mir. Ich lief weiter bis ich eine Tür aus Titaniumstahl sah, ich öffnete sie in der Hoffnung, dass Geister nicht durch Titaniumstahl schweben können. Sobald ich drinnen war und die Tür geschlossen hatte, lief ich in die andere

Ecke des Raums und zum Glück konnte der Geist nicht rein, denn auch die Wände waren mit Titaniumstahl versehen. Es sah aus als hätte ich einen Bunker gegen Geister gefunden.

Als ich mich dort näher umgesehen hatte, entdeckte ich viele aufgeschlagene Bücher und auf einem Tisch lagen irgendwelche seltsame Gegenstände und Flüssigkeiten. Als ich diese genauer anschaute, bemerkte ich, dass dort unter anderem Salzbomben lagen. Ich hatte gehört, dass Salz angeblich Geister schwächt. Anscheinend stimmt es. Anschließend griff ich mir eines der Bücher und begann zu lesen. Nachdem ich die Bücher fertiggelesen hatte, war ich um Einiges schlauer. Die Geister laufen zum Beispiel zum Stephansdom, weil dort Türen sind, durch die Geister gehen und dann in der echten Welt als Babys geboren werden, natürlich ohne Erinnerungen an ihr altes Leben. Auch gab es in der Geisterwelt und im Stephansdom ein riesiges Tor, durch das, wenn man es öffnet, alle Geister in die echte Welt eindringen und sie verwüsten.

Um das zu verhindern, gibt es in beiden Welten einen Wächter, den sogenannten „Wächter der Finsternis". Jeder Wächter hat eine Box mit einem Spiel, dem sogenannten Spiel der Finsternis. Es wurde dafür erschaffen, wenn ein Wächter außer Kontrolle gerät, der andere ihn zu einem Duell herausfordert, welches der Wächter annehmen muss. Ansonsten würde er sterben. Wenn der Gute gewinnt, werden alle bösen Gedanken aus ihm gelöscht. Wenn der Böse gewinnt, fällt der Gute für einen Tag ins Koma. Das Spiel das ich besaß war das Gleiche wie in dem Buch. War ich etwa ein Wächter?! Diese Frage bewegte mich sehr lange, also beschloss ich in den Stephansdom zu gehen und den Wächter dort zu fragen. Ich nahm mir die Sachen, die in diesem Raum lagen, und schlich mich nach draußen. Der Geist war zum Glück verschwunden, sodass ich freie Bahn hatte. Ich ging also ungestört zum Stephansdom um dort den anderen Wächter kennen zu lernen.

Als ich vor dem riesigen Gebäude stand und die Massen an Geistern sah, fühlte ich mich nicht mehr so sicher. Ich focht einen Kampf mit mir selbst aus, doch letztendlich gewann der Mut und die Neugier. Ich öffnete die riesigen Tore und trat ein. Sofort stach mir ein junger Mann ins Auge, der so gar nicht zu den anderen passte. Er war nämlich ein Mensch und kein Geist. Dieser Junge war der Wächter. Doch als ich sah, woran er sich zu schaffen machte, blieb mir das Herz stehen, denn er versuchte das Tor zur echten Welt zu öffnen. Plötzlich wusste ich, was zu tun war. Ich nahm den Rucksack, in den ich alles gegeben hatte, fester und schrie durch den Saal: „Hey, du da! Wächter, ich fordere dich zu einem Duell der Finsternis heraus!" Der Wächter saß an einem Tisch und winkte mich heran. Wir packten beide unsere Kartendecks aus und begannen zu spielen. Ich begann und zog eine der besten Karten, die es im Spiel gab, doch der andere Wächter konterte meine Attacke, als ich ihn angriff. Nach einer Weile hin und her zog er die beste Karte. Damit war mein Ende besiegelt und ich verlor. Langsam verschwand die Welt vor meinen Augen.

Als Ich wieder aufwachte, lag ich immer noch am Fußboden des Stephansdoms, doch alle Geister und der Wächter waren verschwunden. Das Tor zur echten Welt aber war offen. Ich lief so schnell ich konnte nach draußen. Ich landete in der echten Welt am gleichen Platz im Stephansdom. Dort waren überall zwischen den Bänken und vor den Altären Geister. Unter ihnen sah ich den Wächter, ich lief zu ihm und schrie: „Ich fordere dich zu einer Revanche auf!" Wir setzten uns wieder zu einem Tisch und begannen zu spielen. Diesmal dauerte das Duell sehr lange. Die Geister beobachteten uns misstrauisch. Doch nach einer Stunde hatten wir beide nur noch einen Lebenspunkt und zogen jeweils unsere stärkste Karte. Zum Glück hatte meine einen Angriffspunkt mehr, sodass sich beide Karten aufhoben, aber meine doch noch einen Schadenspunkt auf das Leben des Anderen übertrug. Dadurch war der Sieg mein.

Die ganzen bösen Gedanken des anderen Wächters wurden gelöscht und wir begannen die Geister wieder durch das Tor zu bugsieren. Der andere Wächter ging in die Geisterwelt zurück, während ich in der echten Welt blieb.

Nach diesem schockierenden Ereignis wurde mir die Aufgabe als Wächter erst so richtig bewusst. Ich verstand, dass ich dieser Aufgabe nur nachgehen konnte, indem ich in das Haus meiner Eltern einzog. Sie hatten ihr Leben vermutlich als Wächter verbracht und ich würde im Haus nützliches Wissen finden.